保育者のための
コミュニケーション・ワークブック

千古利恵子
Rieko Senko

張 貞京
Jeongkyong Chang

真下知子
Tomoko Mashimo

本山益子
Masuko Motoyama

ナカニシヤ出版

はじめに

　経済産業省のホームページには，「社会人基礎力」の必要性とその目指すものについて記されています。「前に踏み出す力」「考え抜く力」「チームで働く力」の3つの能力とこれらを構成する12の能力要素から「社会人基礎力」は成るのだと説明しています。さらに，社会を取り巻く環境が大きな変化の波を受けている今，働く人には「外（異）への対応」「学び直しへの対応」「求められる主体的行動」の3つの必要な行動があるというのです。「社会人基礎力」とは，職場や地域社会で多様な人々と仕事をしていくために必要な「基礎的な力」のことと述べています。

　文部科学省の調査によると，2016（平成28）年の高等教育機関への進学率は80.0％（大学・短大進学率56.8％）であることから，その教育の目標の1つが「社会人基礎力」の育成に置かれるのは当然といえるのです。「社会人基礎力」が提唱されたのは2006年ですから，10年以上，その教育に取り組んでいることになるのです。学習期間が4年であろうと2年であろうと，皆さんには「社会人基礎力」を獲得してもらわなければならないのです。

　今回は，「保育者」という職業に就くための「社会人基礎力」を養成することに焦点を絞りました。言うまでもありませんが近年「保育者」に求められる力は，従来とは異なってきています。社会はICT化が進み，生活環境の変化は止まりません。保護者の考えや価値観も多様になり，保育者が保護者とコミュニケーションを図るには，社会の変化を見据えた視点と思考力が必要になっています。執筆にあたり「保育者を目指す人たちの学習支援に役立つ内容は何だろう」と考え，本書は2部構成にしました。第Ⅰ部は知識の習得を目指して，「外（異）への対応に必要な知識」「学び直しへの対応に必要なポイント」を記し，第Ⅱ部は実践力の育成を目指して「主体的な行動のためのワーク（演習）」を中心に編集しました。

　本書を手にされた皆さんが，保護者から信頼される保育者を目指して，主体的に学び成長されることを，執筆者は心から願っています。

目　次

はじめに　*i*

第Ⅰ部　保育者と社会人

第1章　保育の役割と保育の仕事　3
　1　保育の場―保育所・幼稚園・認定こども園　*3*
　2　保育の仕事と保育者の役割　*5*

第2章　保育者とコミュニケーション　7
　1　保育者に求められる表現能力―身体表現と子ども理解　*7*
　2　保育者に必要な情報活用力　*10*

第3章　保育者に必要な柔軟思考　26
　1　保育者には，なぜ豊かな発想が必要か　*26*
　2　主体的，対話的で深い学び（アクティブ・ラーニング）　*27*

第4章　保育者とソーシャルマナー　29
　1　保育現場は社会の一部分　*29*
　2　「ほうれんそう」に必要なマナー――「聴く・まとめる」能力　*31*

第5章　インターネット社会と保育現場　34
　1　SNSで構築された人間関係　*34*
　2　ICT時代の保育者に必要なソーシャルマナー　*35*
　3　ICT化と幼児教育の今後　*45*

第Ⅱ部　保育者のためのワーク

ワーク1　自己紹介文の作成　50
　グループのメンバーに自己紹介をしてみましょう　*50*

ワーク2　自由な発想に挑戦―ブレーン・ストーミング　53
　遊び気分で実践してみましょう　*55*

ワーク3　ノート・メモのとり方　56

ワーク4　レポートの書き方　62
　では，上記の点に注意しながらレポートを作成してみましょう　*64*

ワーク5　プレゼンテーションの計画と資料作成　69
　実際にプレゼンテーションの計画を立ててみましょう　*72*
　次に発表時に提示する資料を作成（A4判用紙）しましょう　*73*

ワーク 6　プレゼンテーションの実践 …………………………………… 75
　　　資料を提示しながらプレゼンテーションを行いましょう　75

ワーク 7　情報の選別と自分の考えをまとめる ………………………… 77
　　　課題1：次の記事を読んで考えたことを箇条書きにしてみましょう　77
　　　課題2：さらに調べたいこと，調べる必要があることを箇条書きしましょう。
　　　　　　　調査には何を使う予定か，書いてみましょう　78

ワーク 8　封書で手紙を書く ………………………………………………… 79
　　　課題：近況報告の手紙を書いてみましょう　79
　　　差出人（自身）の思いを伝える工夫をして，書いてみましょう　79

ワーク 9　メールを送ってみよう …………………………………………… 80
　　　では，メールを作成してみましょう　81

ワーク10　保護者からの相談への報告書作成 …………………………… 82
　　　課題：園長先生への報告書を作成してみましょう　84

ワーク11　保育者に必要なソーシャルマナーに挑戦 …………………… 85
　　　課題1：電話応答　85
　　　課題2：降園時　87
　　　課題3：会議中の中座　89
　　　課題4：保護者に話しかけられて　91
　　　課題5：無言の保護者　93
　　　課題6：先輩保育者に勧められて　95
　　　課題7：複数の保護者　97

ワーク12　まとめのワーク …………………………………………………… 99
　　　課題：幼児期の体験の重要性について，あなたの考えを述べなさい　99

引用参考文献　*101*
索　　引　*103*

第1部
保育者と社会人

保護者から信頼される保育者には，何が必要なのでしょう。保育に関する知識だけが必要でしょうか。知識だけで保護者の信頼は得られません。保護者は，マナーを身につけた自律した社会人である保育者に，子どもを預けたいと思うはずです。第1部では，まず社会人に必要な基礎知識や主体的に行動するための力について学び，社会人基礎力を身につけましょう。

第1章

保育の役割と保育者の仕事

　子どもは誕生と同時に，それまでとは異なる様々な環境に適応しなければなりません。保護者のもとを離れ生活するときもあります。保育者は，そのような時を過ごす子どもにとってなくてはならない存在です。この認識が保育者を目指す人には必要です。

　まず，この点から保育の役割と仕事について確認してゆきましょう。

1　保育の場──保育所・幼稚園・認定こども園

　社会で働く女性が増えることで，保育の場も多様になりました。保護者のいる家庭以外にも，子どもの成長を助ける場が必要になりました。小学校入学前までの子どもが過ごす場として保育所・幼稚園がありますが，近年「認定こども園」と呼ばれる施設も加わりました。では，この保育所・幼稚園・認定こども園には，どのような違いがあるのでしょう。表1-1にその特徴を簡単にまとめておきます。

　いずれの保育の場で勤務するにも，免許や資格が必要になりますので，それらについても知っておく必要があります。

　アの保育所での仕事に必要な**保育士資格**は，一度取得すると失効することはありません。永久ライセンスです。四年制大学・短期大学・専門学校のいずれでも取得できます。この資格は，厚生労働省が定めた内容を学び終えた人でなければ取得できません。厚生労働省が管轄していますから，**福祉施設**に区分さ

表1-1　保育所・幼稚園・認定こども園の違い

	保育の場	必要な資格	管轄	利用条件
ア	保育所	保育士資格	厚生労働省	0歳～，就労証明書・在職証明書
イ	幼稚園	幼稚園教諭免許状	文部科学省	満3歳～
ウ	認定こども園	保育教諭	未定	0歳～

参考　在職証明書：「在籍している」もしくは「在籍していた」ことを証明するための書類。企業によって呼称はさまざまだが，履歴を証明するためのもので，在籍証明書，就業証明書，勤務証明書，就労証明書，雇用証明書などの総称。
　　　就労証明書：在職証明書と同じ内容。保育所への入所申請に提出が必要となる書類で，保育所では就労証明書ということが多い。

れ，就労時間は原則8時間です。この施設を利用するには，保護者が仕事に就いていることを証明する書類（就労証明書・在職証明書）が必要になります。

イの幼稚園は，3歳児から小学校入学前までの子どもの教育を行います。就労時間は，原則8時間です。

幼稚園は，文部科学省が管轄する小・中・高等学校と同じ**教育機関**で，「学校教育法」という法律に基づいて設置されるため，教員としての免許状である幼稚園教諭免許状が必要になります。**幼稚園教諭免許状**には，1種・2種・専修の3つがあります。1種は四年制大学で，2種は短期大学・専門学校で，専修は四年制大学を卒業後，大学院修士課程を修了することで取得できます。幼稚園教諭免許状は，文部科学省が定めた内容を学び，幼稚園での実習を終えた人でなければ取得できません。免許状は，各都道府県の教育委員会より授与され，日本全国どこでも有効ですが，更新の必要があります。「教員免許更新制」といい，2007（平成19）年6月の「改正教育職員免許法」の成立により，平成21年4月1日から導入された制度です。更新が必要になる理由は，新免許状には10年間の有効期間が付されているからです。有効期間を更新して免許状の有効性を維持するには，「2年間で30時間以上の免許状更新講習の受講・修了」が必要になっています。

ウの「認定こども園」の正式名称は**幼保連携型認定こども園**といいます。ここは学校教育と保育を一体的に提供する施設であるため，ここで働く保育者は**保育教諭**と呼ばれます。**保育教諭**は，**幼稚園教諭免許状**と**保育士資格**の両方を有していることを原則としています。

認定こども園は，2012（平成24）年に成立した「改正認定こども園法」（就学前の子どもに関する教育，保育等の総合的な提供の推進に関する法律の一部を改正する法律，平成24年法律第66号）により，創設されました。これは学校教育（幼稚園）と保育（児童福祉施設）を一体的に提供する施設であることから，勤務するには，原則として保育士資格と幼稚園教諭免許状の2つを持つ必要があると定められています。しかし，国は「改正認定こども園法」を施行した後5年間は，いずれか一方の資格または免許を有している者が保育教諭となるための経過措置（免許あるいは資格を取得するための猶予）を設けています。現在，管轄する省庁は定められていませんが，国は保育教諭の養成を促していますので，今後は「認定こども園」も増えてくるのでしょう。就労時間については，現場の判断に任せられているようです。

保育の場がどのように変化しているかを知るには，国が定期的に行う調査の結果を見ておくと良いでしょう。例えば，我が国の人口分布は総務省，教育機関に関する調査は文部科学省が行っています。総務省統計局の発表によると，我が国の総人口は1億2,677万人（平成29年8月1日現在（概算値））で，15歳未満人口は1,570万3,000人だそうです。そのうち0歳～4歳が493万人（男児253万人，女児241万人），5歳～9歳は527万人（男児270万人，女児257万人）で

表1-2　幼稚園数及び幼稚園児数等

区分	合計	国立	公立	私立
幼稚園数（園）	11,674	49	4,321	7,304
在園児数　計	1,402,448	5,510	238,036	1,158,902
3歳児	398,054	1,288	38,438	358,328
4歳児	488,412	2,070	89,002	397,340
5歳児	515,982	2,152	110,596	403,234
教員数（本務者）	101,497	352	21,295	79,850

（出典）文部科学省「学校基本調査報告書」（平成27年5月1日現在）

表1-3　幼保連携型　認定こども園数及び園児数等

区分	合計	国立	公立	私立
幼保連携型認定こども園数（園）	1,943	—	374	1,569
在園児数　計	281,136	—	43,928	237,208
3歳児	69,782	—	10,107	59,675
4歳児	72,450	—	11,715	91,638
5歳児	71,789	—	11,846	59,943
教員数（本務者）	37,461	—	5,644	31,817

（出典）文部科学省「学校基本調査報告書」（平成27年5月1日現在）

す。また，文部科学省が公表する『文部科学白書2015』の第2部「文教・科学技術施策の動向と展開」の「第13節　生涯にわたる人格形成の基礎を培う幼児教育の振興」には，表1-2，1-3の学校基本調査報告が掲載されています。

表1-3から，平成27年5月の時点で国立の認定こども園は設置されていないことがわかります。保育所数および園児数は，「認可・無認可」の別も含めて各自治体が調査しています。紙数の都合もあり，すべてを図表で掲出することはできませんでした。園数などは，時々，自治体のホームページで確認すると良いでしょう。

なお，幼稚園や保育所が認定こども園を併設したり，移行したりする動きがありますが，その動きは自治体や各地域の状況によって異なります。しかし，保育の場で働く者は，保育士資格と幼稚園教諭免許状を併せ持つことが，今後ますます求められることは言うまでもありません。

2　保育の仕事と保育者の役割

保育の場は保育所・幼稚園・認定こども園の3か所に分かれますが，そこで働く者は「保育者」と呼ばれます。保育者の仕事は乳幼児を適切な環境のもとで健康・安全で安定感をもって活動できるように養護するとともに，その心身を健全に発達するように支援し教育することです。そのためには，どのような状況の中でも「子どもはかわいい」という気持ちを持ち続けられなければなりません。その気持ちが保護者と協同したものでなければ，それは保育者の独り

よがりになってしまいます。したがって，**保護者との連携を図ることが保育者の大事な仕事**になるわけです。現実には，円滑な連携を図るには，さまざまな課題があります。このことについては，第Ⅱ部のワーク10・ワーク11からも気づいてもらえると思います。

　現代社会は，大人にとっても生きづらい状況が増えています。企業は合理化を進め，統廃合や人員削減が行われています。保護者の生活を急変させないまでも，職場の変化は保護者のストレスを増大させます。総務省統計局のホームページを開くと，同省が行った労働力調査（基本集計）が公表されています。調査結果から現代社会の労働状況がわかります。

　2017年6月の年齢別の労働者数（年齢階級別15歳以上人口）をみると，保護者の年齢層にあたる25歳〜35歳は1,347万人（男性687万人，女性660万人）です。子育て世代の人口の推移は，それぞれの時代の保護者がどのように働き，生活しているかを知る手がかりにもなるでしょう。

　保育者の役割は，子どもの成長を喜び見守ることです。そのためには，保護者の働き方の変化に気を配らなければなりません。働く者の理解者の一人になることも，保育者の大きな役目なのです。

表1−4　労働力調査（労働状況）

完全失業率　年平均			2017年　月次（季節調整値）			
2014年	2015年	2016年	3月	4月	5月	6月
3.6%	3.4%	3.1%	2.8%	2.8%	3.1%	2.8%

（出典）総務省労働力調査　平成29年（2017年）6月分（2017年7月28日公表）

第2章
保育者とコミュニケーション

　コミュニケーションという言葉は，今では日本語の中に数ある外来語のひとつとして定着しています。その意味を辞書で調べると表2-1のように説明されています。

表2-1　コミュニケーションの定義

大辞林　第三版	人間が互いに意思・感情・思考を伝達し合うこと。 言語・文字その他視覚・聴覚に訴える身振り・表情・声などの手段によって行う。
日本大百科全書	人間にとって，コミュニケーションは基礎的社会過程である。個人の発達にとっても，集団や組織の形成と存続にとっても，コミュニケーションは必要不可欠であり，人間社会の基礎をなすものといってよい。アメリカの社会学者ランドバーグ（1895-1966）の表現を借りるならば，「社会と社会を構成する諸組織とがれんが造りの家屋であるとすれば，コミュニケーションはその建築を可能にし，全体を統一的に結び合わせるモルタル」である。[岡田直之]
デジタル大辞泉	1　社会生活を営む人間が互いに意思や感情，思考を伝達し合うこと。言語・文字・身振りなどを媒介として行われる。「コミュニケーションをもつ」「コミュニケーションの欠如」 2　動物どうしの間で行われる，身振りや音声などによる情報伝達。 ［補説］「コミュニケーション」は，情報の伝達，連絡，通信の意だけではなく，意思の疎通，心の通い合いという意でも使われる。「親子の―を取る」は親が子に一方的に話すのではなく，親子が互いに理解し合うことであろうし，「夫婦の―がない」という場合は，会話が成り立たない，気持ちが通わない関係をいうのであろう。

　これ以外の辞書を調べても，コミュニケーションは，人間が社会を作り，その中で生活するために不可欠なものということがわかります。保育の場に関わる人たちにとっても，それは同じです。本章では，保育者の立場から，コミュニケーションの重要性を考えてみます。

1　保育者に求められる表現能力──身体表現と子ども理解

　前節において「コミュニケーション」の意味が紹介されました。保育の場面における子どもとのコミュニケーションを考える場合，筆者は齋藤孝氏の説を大いに参考にしています。齋藤氏は『コミュニケーション力』という著書の中

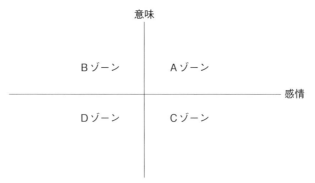

図2-1　コミュニケーションの座標軸（齋藤, 2004）

で、コミュニケーションを「意味や感情をやりとりする行為」として定義し、「コミュニケーション力とは、意味を的確につかみ、感情を理解し合う力のことである」との考えを記しています。「やりとりする相互性」を重視し、そのやりとりするものを「意味と感情」だと明確に示し、さらに、その関係性を図2-1のように示しています。

齋藤氏のこの図の説明を要約すると次の通りです。

Aゾーン：意味も感情もスムーズにやりとりができている、コミュニケーション良好ゾーンです。

Bゾーン：感情はやりとりされていないが、情報は交換できているゾーンであり、仕事の場面がこのゾーンに該当します。「おっしゃられているのは、……ということですね」と意味の正確な伝達が重要視されます。

Cゾーン：恋人同士や家族のような関係において重要な、感情をやりとりするゾーンです。このゾーンでは感情を確認しあい強固にしていくことが重要となってきます。

Dゾーン：コミュニケーションの意志がない、コミュニケーション不全ゾーンです。

これらのコミュニケーションにおいて、意味のやりとりを担うのが「言葉」であり、感情の交流に重要なのが「身体」ということになります。

このように整理したうえで、子どもと大人のコミュニケーションを考えてみましょう。その際、ポイントになるのは、「いま・ここ」で何をやりとりすれば良いかを明確にすることです。

たとえば、子どもがちょっとした悪さをした場面を思い浮かべてください。目をつり上げ声を荒げて「なにやってるの」と叱る大人の姿を目にすることがあります。このとき、いくら言葉を並べて子どもに怒鳴ったとしても、子どもに伝わっているのは大人の身体から発せられる「怒っている」という感情ですね。「お母さん怒ってる」と感じた子どもは、大人の怒りを嫌な思いで受け止め、鎮まるのを待っています。このとき、子どもとやりとりをしないといけな

いのは,「こんなことをしたら危ない。あるいは,迷惑がかかる」などの,その子どもの行為が持つ意味ではないでしょうか。ですから,ここで重要なのは,身体が発する感情は抑えて,言葉でしっかり意味を伝えることです。そのために大人は,自分のなかにある怒りを呼吸などで逃し,キチンと子どもの目を見て,子どもが理解できるように話すことが重要なのです。

　次に,怒られて泣いている子どもに,大人が対応する場面を考えてみてください。まだ怒りがおさまらない大人は,その子どもの泣き声がうるさいので「もう,怒っていないから泣き止みなさい」などと言葉をかけます。それに対し,「まだ,顔が恐い。声が怒っている」と,大半の子どもは感じているのです。このときに大切なのは,「怒っていない」という感情の共有ですね。そうだとすると言葉は不要です。大人は,子どもの顔を自分の胸に寄せ,ギュッと抱きしめればいいのです。そうすれば,怒っている顔も子どもには見えません。恐い声も聞こえません。抱き合ってひとつになることで,肌のぬくもりとともにお互いの感情が溶け合い,落ち着いてくるのです。

　したがって,保育における子どもとのコミュニケーションの場面においても,やりとりで求められているのは「意味」なのか,それとも「感情」の共有なのかの見極めをすることが,まず,重要になります。そして,「意味」のやりとりが求められているときには,子どもにわかるような言葉を選び,その意味を伝えなければなりません。したがって,どれだけ豊富な語彙数を持っているかが試されるとともに,子どもの心に染み入るように豊かに語ることもコミュニケーションの鍵を握るのです。さらには,子どもの言葉にも耳を傾け,聞こうとすることも重要です。このとき,「聞こうとしているかどうか」という保育者の思い(感情)は,保育者自身の身体からあふれ,それを子どもが感じ取ることになります。すなわち,「感情」の共有が求められている場面をはじめとして,子どもは,常に,保育者の身体からあふれ出る空気(感情)を感じ取っています。保育室の空気を作っているのは保育者です。私たちの身体は,日常生活の中でさまざまな行動をとり,その身体のあり方を通して,他者に語りかけています。また,それと同時に,知らず知らずのうちに,他者の行動を表現として読み取っています。つまり,生活の中には,身体でのコミュニケーションがたくさんあるということです。特に,まだまだ十分に言葉で話すことのできない子どもとのコミュニケーションにおいては,お互いの身体が果たす役割は大きいと言えます。

　それでは最後に,保育者の身体性について考えてみましょう。今までに述べてきたように,保育者の身体は,子どもとのコミュニケーションにおいて,非常に重要な役割を果たしています。保育者の身体は,無意識のうちにあるいは意識的に,その時々の感情をその場に表現していることを忘れないでください。子どもは,毎日,保育者の身体が醸し出すその空気の中で生活しているのです。

　まず,子どもにとって心地よい空気を出していますか。保育室の空気が心地

いいと，子どもは十分に自己を発揮し，安心して一日を過ごすことができます。保育者の表現（表情・動作・目線・声など）が保育室の空気を司っています。子どもと一緒に遊ぶとき，まず，保育者が楽しそうに活動することによって，その場に楽しい空気が流れます。その空気を感じて，子どもは自然に集まってくるのです。そんなとき，いろんな方向から，数人の子どもが一度に「先生」と呼びかけたらどうしますか。慌ててパニックに陥ると，その「どうしよう」という感情が空気になって子どもに届きます。そんなときは，落ち着いて一人ひとりの目を見てニコッと笑えばいいのです。目線が合うことによって，子どもは気づいてもらえたことに安心します。笑顔で対応すると，喜んで待てるのです。もし，恐い顔だったら，待つことをやめてしまうでしょう。ですから，学生の今から，自分の出している空気に敏感になってください。その場にいる他者に心地よい空気を届けることを心がけてください。

　次に，子どもの身体が発する思いを感じるアンテナは磨かれていますか。子どももそこにいるだけで表現しています。黙っている子どもも表現をしているのです。「言いたいけど，言えない。気づいてほしい」そんな心の声を感じ取ることができますか。保育においては，子どもの行為を表現として捉えることが重要です。保育者はいつでも子どもの何気ない表現に気づけるように，身体のアンテナを磨かないといけないのです。「園長先生，うしろに目がついてるの？」と言う子どもがいます。見ることから保育は始まります。「よく見ようとすれば見えてきます。見せてくれるようになるのです」と，ある保育者は話してくれました。ですから，学生の今から，自分の周囲のヒト・モノ・コトを，よく見ようとし始めてください。目だけで見ようとせず，身体全体で感じるように心がけましょう。その積み重ねが，見える身体を獲得することにつながり，子どもを理解する第一歩になるのです。

2　保育者に必要な情報活用力

　社会の「ICT化」が進み，人が情報を得る方法がすっかり変わりました。生活に必要な情報は，「ICT」（インフォメーション・コミュニケーション・テクノロジーの略）という「情報技術」を使い，いつでも，どこでも得ることができます。そのことは，内閣府が実施している「消費動向調査」からも明らかです。調査は，二人以上の世帯，単身世帯毎に三段抽出（市町村─調査単位区─世帯）により選ばれた8,400世帯を対象に，ペーパーに記入するアンケート形式で実施されています。アンケート項目の中に「あなたの世帯の主要耐久消費財（長持ちする商品）等の保有状況についておうかがいします」という質問があります。総務省は，情報通信統計データベースでその結果を公表しています。「平成28年通信利用動向調査の結果（平成28年調査・平成29.06.08公表）」によると，スマートフォンを保有する個人の割合は56.8％となり，2015（平成

27) 年の53.1％から上昇，スマートフォンを保有する世帯の割合は71.8％になったとあります（総務省, 2017）。

現代人は，情報の多くをスマートフォンや携帯電話を使用して得ることができるのです。テレビや新聞から情報を得ていた頃と，生活の環境が変わりつつあることに気づかされるデータです。保育者は，自らも「ICT化」が進む社会で暮らしていることを認識しながら，ICT機器を使って得た情報をどのように活用したら良いのか考えなければならない時代になっているのです。

❶ 情報を活用するための準備

保育者と保護者は情報を交換しあうことで，互いの信頼関係が深まります。保育者は，保護者に対して適切な情報を発信しなければならないのです。そのためには，どのような準備が必要なのでしょう。

インターネットから得る情報は，専門知識がなくても読みやすく，理解しやすい内容も少なくありません。保育者が提供する情報が，そのようなものばかりでは保護者の信頼は得られません。専門職の人間が発信するものには，一方向から見たものではなく，さまざまな視点から見た情報が必要になるのです。そのためには，さまざまな事柄について調べること，あるいは調べる方法を知っていることが重要なのです。調査の方法は多数ありますが，その中から代表的な方法を3つ紹介しておきます。これらは，企業に就職した人が顧客のニーズを知るためや研究者がテーマに沿ったデータを得るためだけのものでなく，保育者が保育計画を立てるためにも使われています。無論，学生がレポートを書くときにも必要です。

[1] 調査開始前の準備

調査方法が異なっても，最初にやっておかなければならないことがあります。まず，次の2点は覚えておきましょう。

第1：調査したいことについて書かれた先行研究や書籍などを調べる。

調査したいと思っていることでも，すでにさまざまな方法で調べ尽くされているのであれば，あなたがわざわざ調査する意味はありません。先行研究の中で，あなたが調査したいことはどこまで調べられているか，まだ調べられてないのはどこか，確認しましょう。あるいは調査対象や方法を変えることによって，必要とすることと異なる結果が生じないか，確認する必要があります。先輩方によってこれまでに行われてきた調査結果をベースにしながら，オリジナルなものを見つけられなければ，調査する意味がありません。

第2：準備や調査，結果の分析を行うときに，協力やアドバイスが得られる人を見つける。

調査内容や調査の練習方法などを決めるには，客観的にコメントやアドバイスをもらえる人が必要です。実際に調査を進めていくと，自分の書いた質問や手続き，やり方の不備には気づきにくいものです。そのような不備に気づかせてくれる人がアドバイザーなのです。指摘されることを避けたいと思うのは当然ですが，調査を終えてからでは遅すぎます。「すべてやり直し」という事態は避けましょう。

[2] 情報を得るための調査方法

紹介する方法には，それぞれに長所短所があります。調査の対象や目的をよく考えて，使い分けられるよう，それぞれの特徴を覚えておきましょう。

(1) 観察による調査―参与観察，非参与観察

観察することによって物事を調べる方法は，自然科学や生物学，社会学，心理学など，様々な研究領域で，古くから使われてきました。研究を行う場合，どのような方法を使うかを決める必要があります。そのために，まず観察をして，「何を調べるか」「どのような方法が良いか」を考えます。これも広い意味で「観察」に当たります。例えば，進化論を提唱したことで有名なダーウィンは，ガラパゴス諸島の生物を綿密に調査・観察し，その結果を記録したといわれています。ダーウィンは，研究方法の一つとして**観察法**を用いていたのです。観察法と言われるものでも，専門領域によって用いられる技法には若干の違いがあります。このことも，知っておくことが大事です。

観察法は，参与観察と非参与観察に分けられます。**参与観察**は，観察者が被観察者（観察される人）に与える影響を考慮したうえで，観察場面に参加した形で行います。心理学では参加観察と呼びます。**非参与観察**は，観察者が観察される対象へ影響を与えることなく進める形で行います。心理学では非参加観察と呼びます。

観察はどちらの場合も，観察者と被観察者との関係で行われます。観察者や被観察者はそれぞれ複数いる場合があります。

■ 具体的方法

参与観察

保育者が，幼児は砂場でどのような遊びをし，どのような発話，行動をするのかを調べようと考えたとします。実験室のような場所に砂場を作って，幼児に気づかれないよう観察する方法もありますが，いつもと違う環境で戸惑い緊張するために，普段の姿を見せない可能性があります。

それに対して，いつもやっている幼稚園の砂場での様子を観察すれば，自然な姿が観察できます。ただし，観察されていることは，どんなに幼い子どもでも感じ取ることができます。被観察者の生活に参加して観察するなら，ある程

度の関係を作り，普段の姿が見られるように準備をしたうえで行う必要があります。この観察法では，観察している場面や分析する要素に観察者が含まれることになります。

非参与観察

　雲の動きを観察するなら，この方法が適しています。なぜなら，雲の動きに対して観察者が影響を与えることはないからです。観察される対象への影響を与えることなく，観察が進められることから，自然科学に関係する領域で古くから使われてきました。

　もちろん，この方法が人間の行動や表現などの観察にも用いられることがあります。その場合は，一方視鏡（マジックミラー）を使ったり，ビデオ撮影されたものを視聴したりする方法が用いられます。母子関係に関するものや新奇な場面で子どもがどのような反応を見せるのかという研究には，この観察法を用いて取り組まれたものがあります。

■ 長　　所

　最も優れた点は，被観察者が言葉を話せない子どもや動物であるとき，あるいは上手く言葉が通じない異文化を調べるときなどにも使用できるということです。

■ 短　　所

　表面的に見せる行動や表現に限られるため，心の動きまでを捉えようとする場合には難しさがあります。また，観察者の技術や視点によって，同じ場面を観察しても異なる見方をすることがあります。これが短所であり，注意すべき点ともいえます。

■ 注　意　点

・**目的に合わせて，何を観察するのかを明確に決めておく必要があります。**

　例えば，子どもの発話を調査する際，意味のなさそうな発声，「アァ～」，「アレレ」を観察記録する場合と，その必要がない場合があります。もし，思いの伝え方を調べたいなら，それらの発声を記録します。幼ければ幼いほど，正確な単語より，ちょっとした発声が様々な意味を持つ場合があるためです。しかし，単語の獲得数を年齢別に調べるなら，そのような発声は記録する必要がなくなります。

・**メモは可能な限りとるようにしましょう。**

　ビデオカメラやテープレコーダーを設置して記録する方法もありますが，収録したものを後で視聴し，記録するのは大変な時間と労力を必要とします。可

能な限り，メモをとり，ビデオやレコーダーは確認のための補助手段として使うのが良いでしょう。

・**観察対象者と自然に関わる限度を超えた行動に注意することです。**
　例えば，子どもの自然な行動を観察する場合，子どもと戯れすぎて観察する目的を忘れてしまうことがあります。そのような事態に陥ると，必要なデータは得られません。

・**観察した後の記録について，複数で見直し検討すると良いでしょう。**
　観察場面に参加して記録をとりながら感じたものと，同じ場面をビデオで見て感じるものとでは，両者が異なる場合があります。
　観察したものを客観的な見方で分析することによって，調査結果の信頼性が高まります。

(2) 対話による調査―インタビュー
　あなたはインタビューという言葉をどのような場面で聞いていますか。ニュースでみるプロ野球選手のヒーローインタビューや，皆さんの身近なところでは，就職試験の面接もインタビューの一種といえます。就職試験の面接のような「選ぶためのもの」は，かなり古くから人類の歴史の中で行われていたそうです。その面接が心理学の調査法の一つとして確立するようになったといわれます。
　この調査方法は，主に人を対象にした方法で，**面接法**ともいいます。話し言葉が主な手段となります。一定の環境の中で，直接顔を合わせ，一定の目的をもって互いに話し合うものとして理解することができます。
　観察法は，人間や動物の行動を観察し，行動の特徴や行動の法則性を解明することを目的としているのに対して，この方法は，行動そのものよりもその人の感情や価値観，動機など，心の内面を理解することを目的としています。

■ **具体的方法**
　インタビュアー（**面接者**）がインタビュイー（**被面接者**）に調べたいと思っていることについて質問をし，その答えをもとに調べたいことの結論を導きだします。その際，一定の落ち着いた環境，たとえば個室のように面接が邪魔されることなく，被面接者が安心できる場所を準備し，インタビュー調査を行います。

■ **長　　所**
　内面的な動きを丁寧に聞き取っていくことができ，難しい心の動きを追って深く調べることが可能になります。答えた内容について，さらに質問を加えて

調査することが可能であることも，長所といえます。

■ 短　　所
　インタビュアーの主観が入りやすく，話を聞いているうちに目的を見失う危険性があります。知りたい内容，期待している方向に誘導してしまう可能性もありますので，インタビュアーは常に自分のやり方を客観的に確認しながら進める必要があります。結果を分析するときも，主観が入りやすくなる点が短所で，注意すべきことです。

■ 注意点
・インタビュイーとの約束はきちんとできているか確認しましょう。
　インタビューの日時，場所の確認，趣旨の説明ができているか必ず確かめましょう。

・インタビュイーの経歴や専門などを把握しましょう。
　相手の経歴や専門によって，質問できる内容が変わってきます。

・インタビューの質問項目，内容，重要度，順序，時間配分について計画を立てましょう。
　目的を達成するために必ず実施しなければならない質問と，流れによって変更した方が良いものがあります。また，相手が話しやすい順序を考えておくと良いでしょう。

　　例）受動喫煙について調べようとした例を紹介します。
　　　　インタビュアー：こんにちは。これから質問させていただきます。
　　　　　インタビュイー：はい。
　　　　インタビュアー：保育者がたばこを吸うのは悪いことですか？
　　　　　インタビュイー：なんとも思いません。
　　　　インタビュアー：どのように考えておられるか，教えてください。
　　　　　インタビュイー：周りにいないし，関係ありません。
　　　　インタビュアー：………

　上記の例は，インタビューを続けられない大変難しい状態にあります。準備や計画が不十分だったと言えます。相手が話好きな人であれば，上記の質問でもたくさんの答えを引き出すことができます。しかし，言葉数の少ない人にはそれなりの工夫が必要です。相手の答えを引き出すためには，その人との関係を作りながら，本題に入っていくための質問項目を考えた計画が大切です。

・調査の用具をきちんと揃えて，確認しましょう。
　メモを取るための筆記用具，カメラ，テープレコーダーなど，記録を取るための準備ができているか，確認してください。インタビューの場所に行ってから，忘れた，バッテリーが切れていたなどに気づくのでは，良いインタビューができないことにつながります。また，写真撮影や撮影した写真の使用については，必ず本人の許可を得ることが基本です。

・インタビュー時のマナーや言葉遣いに気をつけましょう。
　インタビュアーの視線が定まらなかったり，言葉遣いが乱雑で失礼になったりすると，良いインタビュー結果は得られません。相手と視線を合わせ，不快感を与えない言葉遣いをするためには，事前の練習を怠らないようにしましょう。

・インタビューが終わったら記憶が新しいうちに文章にしましょう。
　話の内容や質問に対する答えを聞きながら，感じた相手への印象なども合わせて記録しておきますと，インタビュー内容はさらに立体的なものになります。記憶が新しいうちに文章化することで，臨場感が伝わるものとなるでしょう。

(3) 質問紙による調査―アンケート
　携帯メールで送信されてくるアンケートや利用した店でのアンケートなどに答えた経験があるでしょう。それらは，市場のニーズを把握されるために度々使われています。アンケートはさまざまな分野において使われている調査方法なのです。
　質問紙による調査法は，心理学の領域で使われている適性検査や性格検査などの開発にも使われました。ある程度，質問の理解ができる対象であれば，使用できる調査方法です。

■ 具体的方法

　まず，何を調査するのかを明確にします。調査したい対象の実態・意識・行動などの特徴や傾向を調べます。例えば，大学生の携帯電話に関するマナーや就職希望などの調査を行うと想定しましょう。目的によって対象者を決め，調べたい内容を質問化して実施します。答え方を5段階評価（例：非常にそう思う5～まったくそう思わない1）のようなものに設定すれば，得られた結果を統計的に処理して全体の傾向を見ることが可能となります。統計的な処理といわれれば難しいと思うかもしれませんが，最近はコンピュータの統計ソフトが開発されていますので，その作業は比較的たやすくできます。

■ 長　　所

　一度にたくさんのデータを得ることができます。目的や対象，実施方法などをしっかり決めておけば，目的としたことの傾向などを知るうえで非常に有効だといえます。また，質問項目を丁寧に検討して作り，実施する際の指示などを決めておけば，調査者でなくても実施することができます。

■ 短　　所

　質問が理解できない対象には実施できません。例えば，文字が読めない幼ない子どもには実施できない方法です。また，アンケートの質問によっては，回答者が本当に思っていることを答えているかどうかわからない場合があります。回答者が質問に対して誤った答えを書いたとしても，訂正してもらうことはできません。

■ 注意点

　質問内容や項目の構成によって，その結果が異なってきます。アンケートが目的にあった内容で作成されていれば，調査の半分が成功しているとさえいえます。そのため，質問内容や構成についても，細心の注意が必要です。

・まず，対象の理解程度を想定した質問を作りましょう。
　小学生を対象にする場合と大学生を対象にする場合では，質問が異なります。

・質問項目は少なめが望ましいです。
　項目が多いと，対象者の注意力が低下してしまう恐れがあります。

・質問内容や項目の順番は対象者を誘導するような形にならないように注意します。
　誘導を避けるためには，質問と質問の間に，調査目的とはまったく関係のない質問を設定することもあります。

　　例）質問：多くの保護者がバザーは開催したら良いと答えています。
　　　　　　　あなたは良いと思いますか？　思いませんか？

　上記の質問は，保護者であれば，バザーは良いと考えていると誘導しています。バザー開催の賛否を確認するために行っている調査ですから，この問いかけには問題があります。調査の結果を客観的に分析し，活用することが目的なら，結果を歪める質問設定となってしまいます。

・調査したい内容によって，自由記述する質問を合わせて設定する場合もあり

ます。
　アンケートは，インタビューのように心の深くに触れることができず，対象者の意識している部分のみを扱うことになります。質問項目のなかに，自由記述のものを合わせて用意することで，意識の背景にあるものを調査し分析することもあります。

[3] 相手の立場に立った情報発信
　人は，他者とコミュニケーションを取りながら生きていますが，「わかってもらえない，話が通じない」と腹立たしく感じることも多いはずです。腹を立てる前に他者とコミュニケーションをとる際にも基本となるものについて考えてみましょう。

(1) 受け手の理解度を想定する
　世界地図は一つだと思っていませんか。一つではありません。

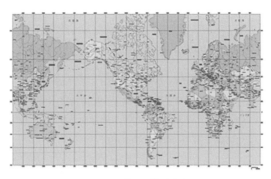
アメリカ中心の世界地図

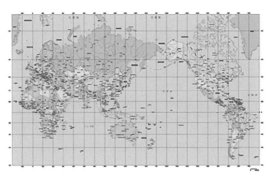
日本中心の世界地図

　一つは日本で一般的に使われている世界地図で，もう一方はアメリカで見かけられる地図です。
　あなたが世界地理の話を相手にしていると想像してみてください。相手が日本人で一定の義務教育を終わらせていれば，地図の中心から東あるいは西のと

いう指示をすると、ある地域や国の話を進められるでしょう。ところが、アメリカ人と地理の話をしているとき、先程と同じ指示を出しても、きっと話が通じないでしょう。その原因は、皆さんが見慣れている世界地図とアメリカ人が見慣れている地図が違うからです。アメリカの一般的な世界地図が日本人のものとは異なることを知っていれば、誰もが違いを配慮した話し方や伝え方をしようと努めるはずです。

　話し言葉であれ、書き言葉であれ、ややこしいのは同じ言葉を使う者同士です。同じ日本語が通じるのだから、日本で生まれ育っているのだから、わかるはずだという固定観念が先に働きます。言葉が通じるだけで理解してもらえるのなら、さまざまな人間関係はもっと単純でトラブルなどないはずです。

　「ことば」は話し言葉でも書き言葉でも、コミュニケーションの手段に過ぎません。同じものを使っていたとしても、それを使う人の年齢や性別、経験、家庭文化、習慣などにより「ことば」が意味するものは千差万別です。「最近の若い者は」といいますが、若者同士でも話が通じない、考え方が合わないと困っている人が増え続けているように思います。たとえ、年齢という共通項があったとしても一人ひとりは違うのです。

　そこで、相手に情報を上手く伝えたいときの、基本となるポイントを挙げてみます。笑いをとるためでもなく、相手に好かれるためでもありません。相手とコミュニケーションをとり、伝え合うため、相手に理解してもらえる文章を書くための基本です。

①相手の年齢や理解、体験、文化的な違いなどを想定しましょう。
　いくら伝えたいことがあっても、相手に伝わる表現や内容でなければいけません。わかってもらえないと思ったとき、まずは自分の伝えた表現方法や内容を見直しましょう。

②自分のわかっていることを基本に話す前に、相手はどのように思っているかを想像してみましょう。
　ある物を見ても、方角によって見え方は異なります。あなたが山だけだと思っている景色は、反対側の相手が見る景色とは違うかもしれません。川が流れているその後ろに山が見えているのかもしれません。相手はあなたと同じ場を共有していないこと、違う側面からあなたの見ている物事を見ていることに気づかなければなりません。

③自分の当たり前と相手の当たり前は違います。
　20歳前後の女子大生を対象に、みんなの当たり前を調べさせたことがあります。いつも行動を共にしている友人と習慣の違いがあまりにもたくさんあることに気づき、驚いていました。違うからこそ、共通するものに出会ったとき、

とても嬉しくなるのです。その反対もあります。考え方が同じだと思っていた友人と、まったく異なる結論を出したことに驚くこともあります。「当たり前」が人によって違うことを理解しておく必要があります。

④伝えたい情報や使える表現のバリエーションを増やしましょう。
　いつも同じ内容ばかりでは、相手に伝えたいものも限られてきます。適切な表現がないために、伝えられないこともあります。普段から、新聞や書籍などを通して、知識や表現を増やすようにすると良いでしょう。

　他者の立場で考え、自身の考えを伝える努力をすると、コミュニケーションがスムーズに行えます。この努力を重ねると、不特定多数の人に向けて話したり、書いた文章を読んでもらったりするときにも、相手に伝わりやすくなります。
　人間は、同じような感じ方、見方、考え方を持った人を求め合う傾向があります。その関係を維持するために、自分の考えを押し殺してしまうことがあります。このような関係は決して良いものではなく、長続きしません。考え方が違う人とでも、対等な立場で向き合うことが大事です。仮に違う意見でも、相手の立場になって理解し認め合わなければなりません。それができたとき、互いの持つ情報を交換し合えるのです。情報交換ができる人間関係こそが社会人に必要な、情報活用力といえるのです。

(2)「私」の理解を修正する勇気
　「虐待を受けて育った人は自分の子どもを虐待するようになり、虐待は連鎖する」といわれます。厳密にいえば、それは正しくありません。虐待を受けた経験が虐待をすることに強い影響を与えているとはいえますが、虐待を受けて育った人のすべてが我が子に虐待をしているわけではないからです。また、虐待を受けたことがないのに、自分の子どもに虐待をしている人がいるように、虐待が虐待をつくるわけではありません。
　虐待の因果関係について、友人と意見を交わす程度であるなら、100％正確な情報でなくても許されるかもしれません。しかし、保育に関わる人の場合は許されません。他者に自分の意見を伝えなければいけない正式な場面では十分な検証が行われていないことについて、「絶対そうだ」と言い切ることは許されません。人間は非常に複雑な仕組みで作られています。心理的なところはさらに複雑です。簡単に因果関係で語られるほど、「虐待」に関する問題はわかりやすいものではありません。
　「虐待」の例からも明らかなように、自身の持つ情報や調査結果を修正する姿勢は、非常に重要になるのです。社会人として活躍するために、次のポイントを意識し、実行しましょう。

①「絶対」,「100％」と言える事実や現象はほとんど存在しません。

「どのような法則も例外がある」といわれています。特に,人間の行動や思考は,一つの要因だけで決定されてはいないからです。

②すべての物事を複合要素から考えるようにしましょう。

「AはBになる」といわれていたとしても,他にどのような要素が関わっている可能性があるのか,考えてみましょう。あなたの見方,考え方はもっと幅広いものになっていきます。

③集団の意見だけにとらわれないようにしましょう。

強い意見に流されたり,長いものに巻かれたりすると,一時の安心や安定が得られます。しかし,物事は常に変化していきますし,集団の意見はいとも簡単に変えられることがあります。自分自身の意見,考え方に偏りがないか,自分に問いかけてみましょう。本当の自分はどのように感じたかが重要で,周りの意見は参考にすぎません。

④自分の意見や考え方は,修正可能にしておきましょう。

上記の③と相反するように思われるかもしれませんが,自分の考え方や意見は,まだ一部しか見えていないために出した結論であると考えましょう。新たな事実が判明した場合は,自分の知識や理解を修正することが,社会人として,良い保育者として生きていくうえで重要になるのです。

2 保育者のための他者理解のコミュニケーション

前項では他者と適切にコミュニケーションを取り維持していくため,他者への情報発信と自分の理解を修整する必要性について述べてきました。これらを踏まえて,次は保育者の実際から,主に保護者との関係に焦点を当て,他者理解のコミュニケーションについて考えましょう。

[1] 誤解を解消し,相互理解に努めよう

他者と適切にコミュニケーションを取り維持していくことは難しいものです。あなたは他の人から誤解されたり,他の人を誤解したりした経験はありますか。コミュニケーションがうまく取れない。それは誤解が生じていると考えることができます。誤解といっても,そこには小さいズレ程度のものから,当事者の人間関係を修復できなくするものまでさまざまなレベルが含まれているでしょう。

青年期のコミュニケーションについて研究している三宮氏によれば,人は自分が誤解した経験より,他者に誤解された経験をよく覚えているものだそうです(三宮,2017)。ところが,人は誤解された経験からその理由を探り,改善

を図ることが難しく、同じような経験を繰り返していると、同氏はいうのです。では、誤解を発生させないコミュニケーションのスキルを身に付けるにはどうすればよいのでしょう。たとえ誤解が生じたとしても、それを解消するための力を身につけておくと良いのです。コミュニケーション力の一つには、誤解を解くための方法を探し出せる力も含まれるのです。

保育者には保護者や他の保育者とのコミュニケーションが重要になります。特に保護者との関わりが重要なことは、2008年に改訂された保育所保育指針で「保護者に対する支援」が新設されたことからもわかります。

子どもや家庭を取り巻く環境の変化や保護者の就労状況などが、近年一段と多様化したために、「保育士の専門性を生かした保護者支援」が求められているのです。保育者との間に誤解があると、到底適切な支援などできないのです。

[2] 自分とは違う物の見方や考え方を知ろう

保護者は一人として同じ人はいません。年齢や職業が違えば、子育て方針などにも違いがあります。そのことを忘れて、保育者が「こうあるべき、こうすべき」という見方や考え方で保護者に接していくと、きっとコミュニケーションは取りづらくなるでしょう。具体的な例をふまえて、保育者と保護者とのコミュニケーションのあり方を考えてみましょう。

あなたは下記に示す子どもの保育者です。このような状況をどのように対処したらよいでしょう。保護者との関係を壊さないためには、どのような点に気を付けますか。

> 担任しているAちゃんは、飛んだり跳ねたりと活発に動き回る子どもです。体を動かすことが大好きなAちゃんが怪我をすることのないように注意を払っていますが、毎日、家から着てくる服はフリルやリボンがついている長い丈のスカートか、固い素材で動きづらいズボンばかりで困っています。動きやすい服装にしてほしいと、4月の進級時に説明をしていますが、その保護者には伝わっていないように感じます。

保育者であれば、なぜ保護者は動きやすい服装にしてくれないのかと悩みます。ともかく一度、保護者の立場になって、理由を考えてみましょう。理由はさまざまあるはずです。

①動きやすい服装という意味がわからなかった
②怪我につながる可能性を知らなかった
③親の好みで服を選んでいた
④長く着られる丈夫な服を選んだ

⑤動きやすい服装が良いことはわかっていたけれども，可愛く見せたかった
⑥子どもが自分で選んでいるため，良いと思った
⑦子どもが選び，親が止めてもいうことを聞かなかった
⑧同居する祖父母の好みで着せていた

などなど…。他にも理由があるかも知れません。

　保育者であるあなたは，上記の保護者に対応するとき，どのような態度で，話の進め方はどのようにするのでしょう。どのような理由があるかによって，対応は異なってきます。上記に挙げた①～⑧の理由は，考え方の違いによるものもあれば，保護者の置かれた状況によるものもあります。同じように見える事態でも，その理由の背景は異なります。そのことを常に意識しながら，保育者のあなたは保護者とコミュニケーションを取っていく必要があります。見方や考え方が違うこと，さらには置かれている状況が違うことを意識しないままコミュニケーションをとろうとしても，互いに理解しようとする気持ちは生まれません。誤解を生むだけです。幸いに誤解が生じなくても，保護者と上手に連携できるかは疑問です。子どもたちの健やかな毎日を守るために，保護者とのコミュニケーションは十分とりたいものです。そのためには，子どもの発達に関する知識や理解，経験の差も関わることを心得ておきましょう。

　コミュニケーション力を高めるには，他者と向き合うとき，次のことを意識しましょう。

・自分とは違う見方や考え方をもつ存在であることを理解すること
・状況によっては受け止め方が変わってくることを意識すること

　このことは，家族や友人との間であっても同じです。たとえ，基本的な衣食住に関することでも，家庭の習慣や考え方，その人の置かれた状況によって違いはあります。

　保育者には，見方や考え方の違い，置かれた状況を考慮したコミュニケーション力が必要になるのです。

[3] 視野を広げ，他者を受け入れる姿勢を育てる
　今度は，保育者のあなたが保護者と面談する場面を想像してみましょう。
　面談する保護者は，先述のような人です。保護者とは問題を解決するために面談を実施しています。
　担任になってからあまり話したことがない保護者で，話しかけにくいと感じる場合，面談の場面では保育者も保護者も双方ともに大変緊張してしまいます。居心地が悪いと感じるかもしれませんが，問題を解決するためには面談を進めていかなければなりません。保育者であるあなたが，保護者がどんな思いや考

えを持っているのか引き出していく努力をしなければなりません。日頃、誰とでも気さくに話ができる保護者であっても、はじめて面談する保育者に何でも話してくれることを期待するのは難しいでしょう。

では、保護者とどう向き合えば上手に面談を進めて、問題を解決してゆけるでしょう。コミュニケーションを図るには、自分自身の考えを広げ、他者を理解しようとする姿勢が必要になります。要するに、保育者が、自分が思いもつかない理由を知ろうとする努力やどんな考えを持つ保護者でも「私は受けとめ、受け入れます」という思いを保護者に伝えるということです。この姿勢を育てることが保育者に必要なのです。先輩保育者の体験を聞き学ぶことも、この姿勢を育てる方法の一つです。研修に積極的に参加したり、関連する本を読んだりすることで、さまざまな事例を学ぶことも良い方法です。その場の経験だけでなく、間接的に学ぶことで自分の視野は広げられます。

[4] 自ら話しかける努力をしよう

コミュニケーション力を高めるために最も重要なことは何でしょう。それは、自ら話しかけることを意識することです。筆者らが大学生を対象に行ったコミュニケーションに関する調査では、自分から話しかけることは苦手、と感じる人が多くいました（真下ら，2010）。どのように話しかければよいかがわからない、話しかけて受け入れてくれるか心配、話を続けられるか自信がない、などが理由として推測されます。

保育者は子どもを保護者から預かり、迎えのときまで保育しています。たくさんの子どもを預かるため、保護者一人ひとりに話しかけることは大変だろうと思います。しかし、一言でも良いので、保護者に自分から話しかけてみましょう。挨拶だけでも良いのです。言葉を交わしたことがある保護者とそうでない保護者では、保育者の言葉の伝わり方が全く違うはずです。保護者の中には、積極的に担任保育者に話しかける人もいますが、自分から話しかけることを苦手とする保護者もいます。

ある保育者は、話しかけづらいと感じていた保護者が、後に人見知りが大変強い人であることがわかって、もっと早く話しかければよかったと反省した話をしてくれました。保護者もコミュニケーションをどのようにとれば良いか悩んでいたことがわかる例です。このような体験をするのは嫌だと思うでしょうが、必ず訪れます。でも、心配はいりません。多くの場合、現場では先輩保育者が一緒に担当しますので、サポートしてもらえます。面談の進め方もみせてもらえます。保育現場には、保育者が成長し続ける機会が限りなく存在しているのです。

したがって、保育者には、自分の見方や考え方を変え、自分が気づいていないかもしれない可能性を意識しつつ、他者に対する自分の姿勢を変えられる柔軟さが必要になるのです。

[5] どのように伝えたかではなく，どのように伝わったかを考えよう

　保育者は連絡帳やお便りなど，さまざまな方法で保護者に伝達をしています。状況によって口頭で伝えることもよくあります。伝える内容は，子どもの様子や保育方針，行事など，正確に伝える必要があるものばかりです。文面でも口頭でも，いずれの方法を用いたとしても，保育者が伝えたつもりでいた内容が保護者に適切に伝わっていないことが度々あるそうです。配付物なら，紛失しても再度配付すれば問題はないでしょう。連絡帳の書き方や口頭で伝えたことが，保育者の意図と違う意味で伝われば，大問題です。保護者からの申し出がなければ，誤解が生じていることさえ気づかない可能性があります。

　このように，連絡帳の文面が違う意味で読み取られたり，慌ただしく送り迎えをしているときに話したりしたために，要点が伝わっていないこともあるのです。経験豊かな保育者でも，「どのように伝えたかではなく，どのように伝わったか」を確かめるように心がけているそうです。連絡帳の文面なら自分で読み直し，その後で他の保育者に読んでもらうこともあるそうです。

　保育者は，自分自身の意図したことが相手にきちんと伝わったのか意識して確かめる姿勢を身に付ける必要があります。保育者のコミュニケーション力は保護者との誤解を防ぐためにも，高めてゆきたいものです。

第3章

保育者に必要な柔軟思考

　『枕草子』の中に，急いでハイハイしていた幼児が，その道にとても小さなゴミを目ざとく見つけ，とてもかわいい指でつまみ上げて大人に見せている様子が記されています。清少納言は，その子どもを「愛らしい」と感じています。大人は，子どもが発する「なに？」「どうして？」の問いかけに言葉を失うことがあります。成長とともに「なに？」「どうして？」という問いは失われていくようです。さまざまな経験や体験が，「そうに決まっている」という判断をさせるのでしょうが，保育者がそうでは困ります。「子どもの目線」が保育者には必要と言われる理由を，思考態度を振り返りながら考えてみましょう。

1　保育者には，なぜ豊かな発想が必要か

　グローバル化，少子高齢化，急速な情報化や技術革新によって，今，社会は大きく変化しています。厳しさを増す経済環境，雇用環境の変容，人間関係の希薄化，格差の再生産・固定化など，私たちの生活も大きな影響を受けています。また，これらの変化はとてもスピードが速く，これから社会がどのように変わっていくのか，予測することが大変難しくなっています。今，子どもたちを支える教育のあり方も改めて考える時期が来ているといえるでしょう。

　子どもたちは，その成長の過程や社会人となって生活を送るなかで，予想もしなかったさまざまな出来事に遭遇するでしょう。しかし，そこで立ち往生するのではなく，冷静にその問題と向き合い，何が問題であるのかを発見する力，解決の道筋を見定め，他者と協働して問題解決に取り組む力が必要です。幼児教育においても，このような力の基礎を育むことが求められています。

　2017（平成29）年に同時に改訂された「幼稚園教育要領」，「保育所保育指針」，「幼保連携型認定こども園教育・保育要領」では，幼児教育において育みたい資質・能力として以下の三つの柱を掲げています。

> 「知識及び技能の基礎」
> 　豊かな体験を通じて，感じたり，気付いたり，分かったり，できるようになったりする

> 「思考力・判断力・表現力等の基礎」
>   気付いたことや，できるようになったことなどを使い，考えたり，試したり，工夫したり，表現したりする。
> 「学びに向かう力，人間性等」
>   心情，意欲，態度が育つ中で，よりよい生活を営もうとする。

　「知識及び技能」「思考力・判断力・表現力等」は，何かについて知ることや考えるという〈知的な力〉です。「学びに向かう力，人間性等」は，さまざまなことに意欲をもち，粘り強く取り組み，高い目標に向けて頑張っていく力のことで〈情意的（または協働的）な力〉です。無藤・汐見（2017）は，この〈知的な力〉と〈情意的（または協働的）な力〉が相互循環して育っていくことが大切であると述べています。そして，幼児教育においては，これらは遊びを通しての総合的な指導によって育まれていきます（文部科学省，2016）。この「指導」とは，保育者主導によって半ば強制的に行われるものではなく，あくまでも子どもたちの主体性を重視して行われるものです。保育者は，子どもたちに身に付けてほしい力，日々の活動のねらいを明確にしながらも，子どもたちが自然と興味を持ち，主体的に取り組める環境，またそのなかで，何かに気づいたり，試行錯誤したりできる場を創っていく力が求められます。そのためには，保育者自身が，毎日の生活のなかでさまざまなものに興味や疑問を持つこと，さまざまな角度から物事を見て，柔軟に考えようとすることが大切でしょう。柔軟な思考力や創造性は，決して生まれ持ったものではありません。毎日の生活のなかで，少し意識的に考える練習をすることや，他者と意見を交わしたり，共に考えたりすることで，発想力を大きく伸ばすことができます。第Ⅱ部ワークのブレーン・ストーミングは，他者と積極的に意見を交わし，発想力や創造性を高めてゆくためのトレーニングです。楽しみながら取り組んでみましょう。

2　主体的，対話的で深い学び（アクティブ・ラーニング）

　第1節で述べたように，急速に変化する社会において，子どもや若者たちの生涯を通じて学び続ける力，主体的に学ぶ力が求められています。2013（平成25）年，中央教育審議会「新たな未来を築くための大学教育の質的転換に向けて」（答申）の中で，初めて「アクティブ・ラーニング」という言葉が正式に使用されました。「アクティブ・ラーニング」とは「一方向的な知識伝達型講義を聞くという（受動的）学習を乗り越える意味でのあらゆる能動的な学習」と定義されます（溝上，2014）。今，大学では，教員と学生，学生同士が相互に刺激を与え，学生が主体的に考え，学ぶ授業への転換が進められています。この考え方は，幼稚園から小学校，中学校，高等学校の教育でも授業改善の大切な視点として注目されるようになりました。

今回改訂された幼稚園教育要領等の3法令では、「主体的、対話的で深い学び」と表現され、それぞれに以下のような具体的な指導の手立てが指導の改善の視点として示されています（文部科学省，2016）。

> 「主体的な学び」
> 　周囲の環境に興味や関心を持って積極的に働き掛け、見通しを持って粘り強く取り組み、自らの遊びを振り返って期待を持ちながら、次につなげる「主体的な学び」が実現できているか。
> 「対話的な学び」
> 　他者との関わりを深める中で、自分の思いや考えを表現し、伝え合ったり、考えを出し合ったり、協力したりして自らの考えを広げ深める「対話的な学び」が実現できているか。
> 「深い学び」
> 　直接的・具体的な体験の中で、「見方・考え方」を働かせて対象と関わって心を動かし、幼児なりのやり方やペースで試行錯誤を繰り返し、生活を意味あるものとして捉える「深い学び」が実現できているか。

無藤・汐見（2017）は、これらの視点が、「環境を通しての保育」や「主体的な活動を通しての遊び」をいかに保育者が支援するか、という保育のプロセスを充実させることにつながると述べています。また、保育者が「子どもは何をしたいと思っているのか」「何を必要としているのか」を感じ取り、子どもの願いに応答するという、受容的・応答的なやりとりと、関連する体験をつなぐ関わりが重要であると主張しています。

このように、主体的・対話的で深い学びを実現させるためには、保育者自身が主体的に物事に向かうアクティブ・ラーナーであることが必要でしょう。大学生活においても、与えられるだけではなく、自分で発見することの面白さ、考えることの楽しさ、環境や他者からの影響を受け、視野が広がることの大切さを是非知ってほしいと思います。本書でのさまざまなワークがそのきっかけとなることを期待しています。

第4章

保育者とソーシャルマナー

　高等学校までの教育課程を修了し大学・短期大学・専門学校へ進学した学生は，2年から4年の後には社会人になります。学生時代は，社会人に必要な基本的知識や知恵を身に付け，他者との意思疎通を図り，円満な人間関係を築く能力を獲得する期間といえるのです。職業観が漠然としたものであっても，社会がどれほど目まぐるしく変化し続けていても，その社会で生きるためのマナーは身に付けておかなければなりません。人間関係を維持するために不可欠だといわれる「社会人としてのマナー」すなわち「ソーシャルマナー」と言われるものです。本章では，保育現場で必要になる「ソーシャルマナー」について考えます。

1　保育現場は社会の一部分

　保育者を目指す学生が考える「社会人像」と学校教育現場，保育現場にいる人が考える「社会人像」にはかなりの隔たりがあるようです。自己表現は控え，先輩方の意見を尊重し，長年培われてきた伝統に則った言動を継承する人が「良き社会人」とされたときもありました。今は，そのような考えに縛られていたのでは，その職場は社会的役割を果たせないのです。社会の変化に応じて，職場の伝統を変化させながら継承できる人を「良き社会人」というのでしょう。保育現場も同じです。「子どもはかわいい。でもストレスがたまって……」と語る保育者が増えていますが，「良き社会人」の定義が揺らぎ，ストレスを感じているのかもしれません。「ストレス」に強い社会人になるためには，何が必要なのでしょうか。
　ストレスの多くは人間関係が原因ですから，「人間関係維持にはソーシャルマナーが不可欠だ」といわれるのでしょう。社会人の先輩方が，なぜそのように判断したのか，理由を考えてみる必要があります。
　マナーとは「礼儀・作法・行儀」の意味ですから，「ソーシャルマナー」とは「社会で活用できる礼儀・作法・行儀」ということになります。例えば，テーブルマナー・運転マナー・乗車マナー・電話のマナー・ビジネスマナーなどは，よく知られているマナーといえます。ペットブームの現代では，飼い主が心得

るべきマナーとして「糞尿の始末」などがあります。私たちは，生活のありとあらゆる場面で人と関わり暮らしていますから，円滑な関係を維持するには，他者（向き合った相手）に対する思いやりの気持ちを失ってはいけません。他者を思いやるマナーがあるのです。言葉遣いとしては「目上の方には敬語を使う。感謝の気持ちを表現する。出会った人には挨拶の言葉をかける。」ことなどに注意をはらいます。では，保育現場ではどうでしょう。「子どもたちが居るから保育現場は一般社会とは違う。だからマナーに縛られていたら，堅苦しくて，人間関係が上手くゆかない。」という思いが頭をもたげることはないでしょうか。園長・同僚の教職員・保護者はみな社会人です。そのことを肝に銘じ，時々，次のことを自身に問いかけてみましょう。

1 社会人として注意すべきことは？

　他者から注意を受けると，それがアドバイスであっても「わかっている。知っている。できている。」という思いが湧いてくるものです。しかし，判断するのは他者（自分ではない）です。向き合った相手に「している。」「できている。」と受け止めてもらえるまで，努力し続けましょう。結果を出せていないことが問題なのです。

　社会にはさまざまな仕事があります。保護者はさまざまな仕事に就いていますから，各々の職場で必要な「ソーシャルマナー」を身に付けておられます。保育者は保護者と出会いながら，社会で守られている多様な「ソーシャルマナー」とも出会うことになるのです。保護者は，保育者の知らない社会を教えてくれる存在といえるのです。

　学内やアルバイト先で「あの人，感じが良い人ね」という言葉を聞くことがあると思います。どうすれば「感じが良い」雰囲気を出せるのでしょう。どうすれば「感じが良い」と人は思ってくれるのでしょう。

2 相手と私の関係―場所―言動のタイミング

　「感じの良い人」とは，「相手と私の関係」を乱さず「場所」の状況を考え，「言動のタイミング」を外さない人のことを指すのでしょう。では保育者の場合は，どのような人なのでしょう。

　保育者の「私」にとっての「相手」は，子ども・保護者・保育現場の同僚で，これらの人々が関わる保育現場が「場所」です。この「場所」での言動は，「私と相手の関係」を良くも悪くもするのです。保育者は「良い関係作り」を考え，「感じの良い保育者」といわれる「私」を目指さなければなりません。

　保護者の多くは，多様な社会人と関わりながら生活していますから，場面に応じたソーシャルマナーを心得ているといえます。保育者は，場所や場面にふさわしい言語をタイミング良く使い分けてはいますが，一日の大半は子どもと接しています。子どもには平易な言葉で話しかけ，年長者である園長や先輩保

育者には丁寧な言葉で話すというように，相手との関係に気を配りながら働いています。一応のマナーを心がけてはいますが，大人の集団で過ごす時間が多い保護者に比べると，マナーに縛られている時間は少ないといえるでしょう。保育現場でもマナーは必要です。子どもが主役の場であるからといって，保育現場が社会からかけ離れた特異な空間ではないのです。社会の一部であることを忘れなければ「ソーシャルマナー」を身に付けた「感じの良い保育者」でいられるのです。

2 「ほうれんそう」に必要なマナー
―「聴く・まとめる」能力

　「5月病」という言葉があります。新人社員や大学の新入生，社会人などに見られる症状で，新しい環境に適応できないことが原因で起こる精神的な症状の総称です。保育者としての夢と希望を膨らませて勤め始めた卒業生が，突如「辞めたい！」と連絡してくることがあります。理由の多くは「居心地の悪さ」です。そういう人たちも，就職活動中は「人間関係に問題がない，居心地が良い園に勤めたい」と話していました。就職を決めたときには，「明るい雰囲気で，居心地が良い園」だと確信していたはずですが，なぜ「居心地が悪い園」に変わってしまったのでしょう。保育者自身の考えにも原因がありますが，そのことに気づくことは，難しいのです。就職前に「居心地の良さ」について考えてみる必要があります。

　私たちは，不快感を覚え始めてから「居心地が良い環境」とは何かを考えるようになります。乳幼児期は，保護者が子どもの誕生以前から成長に支障のないようにと準備してくれた空間で，周囲の思惑など考えず過ごしていたに違いありません。すべての人がそうであったとはいえないかもしれませんが，多くの人にとって，このころの環境は「居心地が良い環境」であったでしょう。成長と共に家庭環境に不満を感じることも出てきます。一方，行動範囲が拡がり，人間関係の複雑さを知り，自己表現の難しさを体験すると，不満を感じた家でもその場は自由に振舞える「居心地が良い環境」だとわかるようになるでしょう。人は，自分が自由に振舞える雰囲気のあるところを「居心地の良い環境」と感じるのです。このことを理解しておくと，社会人として生きるために必要な「職場からの離脱」は避けられるのではないでしょうか。アルバイト先の出来事を思い出してみるのも良いでしょう。上司・同僚に対する不満を語ると話が尽きないのは，アルバイト先での人間関係や接客上のトラブルなどを通して，人と関わることの難しさを味わったからです。人間関係の難しさは，体験済であるにもかかわらず「辞めたい！」という思いが強まるのはなぜでしょう。職場は「楽しく，明るく自由に発言できる雰囲気のあるところ」という理想があるからです。理想的な職場作りには，保育者一人ひとりが社会人としてのマナー

を身に付けて，お互いを理解し合う努力を重ねることが重要になります。では，相互理解に必要な「ソーシャルマナー」を身に付けるには，何が必要になるのでしょう。

❶相互理解を深める「聴く」力

　自分は他人と上手く関わることができないという人がいます。突然出現した「**場**」に戸惑い，「**相手との関係**」をどう築けばよいのか不安になり，「**言動のタイミング**」を見失ってしまうのでしょう。その状態から抜け出すには，相手の話に耳を傾けてみましょう。「聴く」姿勢をとるということです。

　クラブ活動やアルバイト先では，仲間や先輩の言葉を聴いて，行動したはずです。「聴く」力は持っているのですが，職場でその力が活かせないのはなぜでしょう。

　新人とは，今所属する環境に慣れていない人のことです。新しい環境に適応しようと苦しんでいる人といえばいいのかもしれません。生き物には，置かれた環境に適応する能力が備わっているはずです。動植物は無意識に適応してゆきますが，人はその場の雰囲気や相手との関係などさまざまなことを考える能力が与えられていますので，言動を制限してしまいます。その結果，たやすくは適応できないのです。環境に適応するには「聴く」ことから始めましょう。

❷保育者が出会う人との交流

　保育者は，子ども・保護者・同僚の教職員と毎日出会います。職場の「人間関係」作りの鍵はその人たちが握っているのです。その声を聴かなければ，その人たちとの相互理解は難しいのです。次の点を頭に入れておくと交流しやすいでしょう。

　①「就職する」とは，その職場で働いてきた多くの人たちが築き上げた環境の中で暮らすということ
　②職場の環境は自分のために準備されたものではないこと
　③職場の居心地の良さの基準と自分の居心地の良さの基準は一致しないこと
　④自分の居心地の良さを追求し続けると，上司や同僚たちとのトラブルを起こすこと
　⑤ひとまず職場の環境をあるがままに受け止める寛容さが大事だということ
　⑥上司や同僚たちとのコミュニケーションを図るために「聴く」努力をすれば，自分にとって居心地の良い職場環境作りに役立つこと

　①〜⑤を実行するには⑥が不可欠です。保育現場に居る人たちは，あなたと同じ悩みを持っている，あるいは持っていたのだということです。職場は考えの異なる「私」の集合体であるという認識を持つということです。子どもであっ

ても，それは同じでしょう。違和感を覚える保育現場を居心地の良い環境に変えられるか否かは，自分にこの認識があるかどうかに関わるのです。出会う人たちと交流するには，「聴く」力を育てることが近道です。

3 「聴く」力を「まとめる」力「報告する」力へ

　保育者は，子どもたちの目まぐるしい変化に反応しなければなりません。子どもの声を聴き，表情からその感情を理解しなければならないのです。その状況を記録に残します。自身の記憶に留めればよい内容か，先輩保育者に相談すれば済むことか，園長の判断を仰がなければならないことであるのか，判断が必要になります。いずれにしても，まずは「まとめる」作業が不可欠です。

　「まとめる」文書は，簡単なメモでも形式を整えたレポートでも，文字を使用します。適切にまとめて書き残すには，言葉が必要です。豊富な語彙力があれば，目撃した状況を詳しく記録できます。多くの言葉を知っている保育者は，適切なまとめができるのです。無論「まとめる」作業にも，社会人としてのマナーがあるということです。次の5つは，守らなければならない最低限のマナーです。

　①誤字を書かない
　②話し言葉を使わない
　③絵文字を入れない
　④文字は丁寧に，癖のある字を書かない
　⑤曖昧で，理解できない表現をしない

　保育者に限らず，職場で求められることは「報告」「連絡」「相談」する姿勢と能力です。俗に「ほうれんそう」といわれていることです。
　「まとめる力」の練習は，第Ⅱ部ワークに掲載しています。

第5章

インターネット社会と保育現場

　2017年4月22日,文部科学省は,児童生徒が1人1台PC環境で利用する「学習者用デジタル教科書」の在り方を検討する有識者会議「デジタル教科書の位置付けに関する検討会議」の第7回会合を開催しています。現段階では,「初等中等教育局教科書課」の中で検討された内容の「中間まとめ」として公表されていますので「教科書のデジタル化」が決定されたわけではありません。が,小学校で2020年度,中学校で2021年度,高校では2022年度から次期学習指導要領が導入されますから,2020年度までにデジタル教科書の導入を実現しようとしているようです。インターネット社会では,紙に限定されていた教科書も,その形式を守りきれない状況になっているのです。就学前の子どもたちを預かる保育現場が,この動きを無視し続けることはできません。就学後を見据えながら,インターネット社会で成長する子どもたちとどのように関わるのか——これが保育現場の課題の一つといえるでしょう。

1　SNSで構築された人間関係

　すでに紹介したように,国民の大半がスマートフォンや携帯電話を所有しています。高校生・大学生になるとスマートフォン所有者は100％に近いといえそうです。就職活動の必需品ということよりも,「若者世代の人間関係はネットが築く」ということを表しているように感じます。**ネット依存**という言葉が誕生したように,彼らの人間関係はネット接続のモバイル機器にマネージメントされているように見えます。なかでもLINEのマネージメント能力は群を抜いています。従来のSNSのmixi, Facebook, Twitterとは異なり,見知った人との間で,そのつながりを濃密なものにしているからです。保育現場で出会う保護者たちが人間関係を作る場合にも,LINEは一役かっているようです。

❶ 保育現場の課題（1）——保護者との信頼関係
　子どもの成長は,保育者と保護者の共同で見守らなければなりません。保育者は保育者同士で,保護者は保護者同士で人間関係を築いてしまうと,保育環境として問題が生まれます。**モンスターペアレント・ヘリコプターペアレン**

ト・保護者対策などの言葉が使われるのも，保育者と保護者との人間関係が難しくなったことを示しているのでしょう。その状況に拍車をかけるのがLINEかもしれません。

　登園から退園まで，子どもは活発に動き過ごしています。転んでおでこや膝をすりむくこともあります。玩具を取り合い，手に切り傷ができることもあるでしょう。危ない遊びをしたり友達と争ったりすると，保育者から注意を受けたり叱られたりします。保育者は，連絡帳でそのような一日の出来事を保護者に報告します。ところが，連絡帳が手元に届くまでに，LINEが出来事を伝えます。LINE仲間から届く情報が事実の伝達であれば良いのですが，そうとばかりはいえません。意図的ではなくても，単語レベルでの文面が使われるLINEでは，正確さを欠くことは避けられないでしょう。得た情報が断片的であれば，正確な事情や状況を共有することはできません。言葉足らずの情報のやり取りが人間関係を変えます。**SNSの功罪**といえることです。保育現場の課題には，LINEで壊されない保護者との信頼関係をどのように築くか――ということを加えなければならない時代を迎えているのです。

2 保育現場の課題（2）――子どもの成長に活かすSNS

　教科書のデジタル化は，阻止できないでしょう。現在，保育現場や教育現場にいる者の多くが，その動きは慎重に検討すべきだと考えているにちがいありません。一方，幼児期からスマートフォンの動画で泣き止む子どもを目にすると，慎重であることが最善だろうか，とも思えるのです。誕生するや，その姿はインスタグラムで発信されます。成長の様子はFacebookで保護者の友人たちが見守ります。車中の子どもは，絵本よりもスマートフォンの画像を楽しんでいます。2歳児は，手に余る重さに耐えながら小さな指で画面を動かしています。SNSで築きあげられる人間関係を拒否することは，現代の子どもたちには不可能でしょう。

　保育現場の中には，タブレットを活用し，子どもの成長を記録している園もあります。SNSの功罪を十分認識した上で，有効活用する方法を検討することが，保育現場にも求められているのです。

2　ICT時代の保育者に必要なソーシャルマナー

　保護者への連絡には，主に「連絡帳」が使われています。しかし，園の行事の手助けを依頼している保護者との連絡はメールで，ということもあります。保育者の研修会の案内や参加の確認などには，メールが用いられています。保育者の多くは，学生時代にSNSを利用した経験があり，主にLINEで人間関係を築いている世代です。そのため，仕事に使用するメールは無論，封書・葉書に関するマナーには疎いようです。仕事に必要な文書の作成のきまりはソー

シャルマナーの一つであり，身に付けておくべきことです。

🔳 メールの書き方（E-mail の文面）

E-mail の文面はどうあるべきでしょうか。そこで，① E-mail 全般にかかわるもの，②私的「友達へ」，③公的「お知らせ」，④公的「手紙」，の3場面について文面作成の上でのポイントを示しておきます。

■ E-mail 全般にかかわるもの

E-mail の形式（書式）には，テキスト形式と HTML（Hyper Text Markup Language の略）という形式があります。E-mail はテキスト形式で作成するべきです。HTML 形式は，文字を飾ったり，強調したりと華やかなものが作れていいのですが，受信者側にその形式を開く設備が整っていなかったり，対応のソフトが入っていなければ開けなかったり，文字化けしたりするため，相手に迷惑をかけることがあります。また，携帯や E-mail ソフトに依拠した文字（依存文字）は使わないようにしましょう。例えば，A 会社の携帯から他社の社員の B さんの携帯に絵文字を送ったとき，上手く表示されないのがそれです。「文字化け」のリスクが想定される文字や記号は使わない—まずこのことに注意しましょう。

■ 私的「友達へ」

あまりこだわる必要はなく，自分の気持ちを文面で，顔文字で，絵文字で自由に表現し，E-mail でのコミュニケーションを最大限楽しみましょう。

■ 公的「お知らせ」

5 W 2 H (Who, When, Where, What, How, Why, How much)，つまり，「いつ，どこで，誰が，何を，どうする，なぜ？，いくらか？」を最大限明記することです。

■ 公的「手紙」

正式な手紙は，やはり丁寧な文字で気持ちを込めて書く手書きがよいかとは思います。が，E-mail の場合なら，次のことに気をつけましょう。

　ア．タイトルは具体的かつわかりやすく。
　イ．要点を簡潔に記す。
　ウ．質問や依頼内容はわかりやすく。
　エ．自身の所属，氏名，連絡先など，書き手の情報を明記する。

ア～エのポイントはあくまでも基礎中の基礎です。E-mail の作り方や文面

に関する書籍が多く出版されていますので，読んでおくと良いでしょう。

❷ 手書き文書の書き方（封書・葉書の文面）

　文書のやりとりは，E-mail が主流になっています。一方，企業間で交わす契約書や就職内定書などの重要書類，結婚式や祝賀会への招待状は，従来通りペーパーが用いられています。ペーパーに記された文書には，ワープロ作成のものと手書きのものが併用されることもありますが，作成時に注意する点は同じです。

■「封書」「葉書」の使い分け

　Q.「封書」と「葉書」の書式は異なりますか？
　A. 基本の部分は同じ。
　Q.「封書」と「葉書」を使い分けることは必要ですか？
　A. 原則，目上の人には「封書」です。友人など近しい関係は「葉書」で構いません。ただし，内容によって，近しい関係の相手でも「封書」にすべき場合があります。事柄に応じて，臨機応変に使い分けましょう。

■ 書式に関する基礎知識

ア 「封書」の書式

　手書きには，縦書と横書があります。次に示すのは，便箋に縦書した場合の本文構成です。

前文：①頭語　②季節の挨拶　安否の挨拶（③相手④自分の安否）
　　　⑤陳謝・感謝の挨拶
主文：⑥起辞　⑦用件
末文：⑧結びの挨拶　⑨結語（女性は「かしこ」も使う）
後付：⑩日付　⑪差出人の氏名　⑫宛名

＊本文には記さなかった内容，例えば別便でプレゼントを贈るなどは，副文として後付の後に行を改めて付記します。
副文：⑬副文の起辞　⑭用件（主文に記さなかった追加の用件）

　次に示す例文を参照しながら，封書構成を覚えましょう。

例文の構成

前文		主文				末文	後付		副文	
①拝啓　②早春の候	③鈴木先生は……	⑥さて	⑦今回私の就職に際して、			⑧末筆ながら、……⑨敬具	⑩三月三日　⑪総合情報学科山田花子	⑫鈴木一郎先生	⑬追伸	⑭先生の励ましを……

拝啓　早春の候　鈴木先生はいかがお過ごしでいらっしゃいますでしょうか、お伺い申しあげます。

さて、今回私の就職に際して、昨年末には大変お世話になりました。お陰様でこの度念願の緑物産に就職が決まりました。本日、一切の入社手続きも無事に済ませ、四月一日の入社式を待つばかりです。

入社後は、講義時や研究室でご指導頂きました社会人としてのマナーを守り、一日でも早く仕事になれるよう頑張りたいと思っております。

今後ともよろしくご指導くださいますようお願い申し上げます。

末筆ながら、ご多忙な先生のご健康を心からお祈り申し上げます。

取り急ぎ、書面にてご報告とお礼を申し上げます。

敬具

三月三日

鈴木一郎先生

総合情報学部　山田花子

追伸

先生の励ましを受けながら一回生から勤めておりましたアルバイトも無事に終えて卒業式に出席することができました。同封の写真は、卒業式後にゼミ生が研究室に集合した時のものです。記念にして頂けましたら幸いです。

イ 「葉書」の書式

「年賀はがき」「絵はがき」は見慣れた葉書でしょうが，それさえも書く機会は少ないようです。旅先の様子はメールに写真添付で，新年の挨拶も LINE で済ませる時代ですが，封書で届く招待状には相変わらず出欠確認の葉書が同封されています。社会人同士の交際には，葉書はまだまだ必要なものです。封書ほど面倒ではありませんが，次のことは，守りましょう。

葉書全般にかかわること
・差出人の住所は，できるだけ表面に書く。
・裏面のスペースは限界があるので，簡単な文章で用件を伝える。
　そのため，書き出しは「前略」で良い。
　「前略」は「①頭語，②季節の挨拶」を略しますという意味
　暑中見舞いの書き出しは「暑中お見舞い申し上げます」で良い。
　②「季節の挨拶」は，その時節にふさわしい絵はがきを使うのも良い。

返信用葉書の記入にかかわること

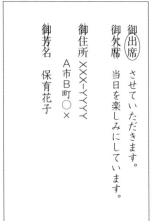

【注意すること】
・「出席・欠席」のいずれかに○「御」は二重線で消すが，出席の場合は消さないこともある。
・「御芳」は消す。
・「行」は消し，右に「様」書く。

ウ　その他の注意事項

Q 「殿」「様」はどちらが上位ですか？

A 「様」です。現在「殿」はほんど使われていません。
　かつて官公庁では「殿」を上位に考え使用しましたが，現在は使用しないようになっています。

Q 恩師には「先生」と「様」のどちらを使いますか？

A「先生」を使います。実習など短期間であっても，教えを受けた場合には「先生」を使うことがあります。しかし，「○○先生様」のように敬称を重複させると軽視したことにもなります。注意しましょう。

　なお実習先宛ての表記は，実習担当教員に相談しましょう。例えば「○○幼稚園　園長　△△△△様」「○○幼稚園　園長　△△△△先生」のどちらにすれば失礼がないのか，判断が必要になるからです。

Q 施設など，個人宛でない場合も「様」を使うのでしょうか？

A「様」は使えません。「株式会社○○○御中」のように，企業や団体宛の場合は「御中」を使います。

　用件次第で，個人名はわからないが，その職務担当者宛てにすることがあります。その場合は，「株式会社△△△　経理部　出納担当者様」と書きます。

Q 宛名を書くとき，どのような点に気を付けたら良いのでしょう？

A 宛名は，氏名と同じですから，誤りがあれば失礼になります。例えば，「株式会社」が社名の頭に付くか，後ろに付くかは企業が定めたことですから，適当に書いてはいけません。

　同じように「○○保育園」か「○○保育所」かは，その園で決めています。法人名が付く場合もありますから，名称は必ず確かめておきましょう。

Q「各位」はどのような場合に使うのでしょう？

A「各位」は大勢の人を対象にし，その一人ひとりを敬って使う言葉です。大勢の人に対して書類を送付したり，メールを送信したりする場合に使います。例えば「保護者各位」として，案内やお知らせ，通達などのときに使用します。受け取った相手は，「複数の人間に出している書類」であることを理解し，その書類に目を通します。

Q 封書や葉書を書く場合，どのような点に注意すれば美しく書けるのでしょう？

A 美しく書きあげるには，次の点に気を配ると良いでしょう。
(a)「文字の大小」「文字の位置」に関すること
　　便箋の文字
　　　①頭語～⑨結語＝同じ大きさ
　　　⑥起辞（さて）は，頭語より1文字下げる。
　　　⑪差出人の氏名＝①～⑨より少し小さく。
　　　⑩日付＝⑪よりさらに小さく。
　　　　＊便箋に書く文字で，最小に。
　　　　＊①頭語の位置より5文字ほど下から書く。
　　　⑫宛名＝①～⑨より大きく。
　　　　＊便箋に書く文字の中で，最大に。
　　　　＊①頭語の位置と同じ高さに書く。
　　　　　下がると，敬意を示すことができない。

　封筒の文字
　（表面）宛名＝封筒の文字の中で最大にする。
　　　　　　　＊封筒の中央に書く。
　　　　住所＝宛名より小さく。
　　　　　　　＊右端に寄りすぎないように書く。
　（裏面）差出人氏名＝宛名の住所の文字より小さく。
　　　　　差出人住所＝自身の氏名より小さく。
　　　　　　　＊封筒の左半分に書く。

(b) 使用する筆記用具に関すること
　　・黒インクの万年筆か水性ボールペン（油性は刷れると汚れる）
　　・使用するペンを途中で変えない。
　　・自分に合ったペンと便箋を選ぶ。

♪アドバイス♪
小さい文字が書けない人は細字用ペン，罫線巾の広い便箋を，大きい文字が書けない人は太字用ペン，罫線巾の狭い便箋を使うと良いでしょう。

「手書き」での文書作成は少なくなりましたが，身近な人に近況報告の便りを書いて練習しましょう。

掲出した書式は「縦書」の場合です。「横書」では次のようになりますので，注意しましょう。

```
                                           ⑩日付「2017.3.3」
⑫宛名「鈴木一郎先生」
                                 ⑪差出人「総合情報学科山田花子」
前文 ①頭語「拝啓」②季節の挨拶　③安否の挨拶
主文 ⑥起辞「さて」
末文 ⑧結びの挨拶
                                           ⑨結語「敬具」
```

【注意すること】
・便箋・封筒は「横書用」を使います。
・柄のあるものや色が付いているものは，友人などに気軽な内容を書くときに使います。
・レポート用紙を便箋の代用にしてはいけません。

葉書の表書き

　表書きには，宛先，宛名と差出人の住所・氏名をすべて書きます。
　暑中見舞いや年賀状には，葉書を使います。次に，葉書の実寸大を準備しましたので，暑中見舞いの葉書を書いてみましょう。
　＊子ども宛てに出す場合は，保護者の名前に子どもの名前を平かなで並記すると良いでしょう。

郵便はがき

62

3　ICT化と幼児教育の今後

　幼児教育を取り巻く環境に目を向けると,「あそび」中心の組み立てが良いのか「知識獲得」を重視した訓練中心の組み立てが良いのか,決めることは難しくなります。幼児教育とは何かを考え直す必要がある,ということなのでしょうか。

　幼児教育という言葉でネット検索を掛けると,「教材」「知育」と結びついた情報の多さに驚きます。また文部科学省のホームページにリンクする「幼児教育の振興」という言葉もあります。このページには,同省が2012（平成24）年5月に実施した調査に回答した幼稚園12,552園（公立：4,638園,私立：7,914園）の実情が公表されています。第10の項目「幼稚園における子育て支援活動実施状況」には,子育て支援活動の実施率と内容別の実施率・平均実施日数がまとめられています。すべての幼児及びその保護者を対象に,どのような事業が行われたかを知ることができます。インターネットを活用した「子育て情報の提供」や「子育て講座・講演会」が催されています。子育てに関わる情報提供は,従来通りの対面方式もありますが,インターネットの活用も推進されているのです。教育現場関係者も保護者も,幼児教育に関する情報はインターネットで発信されたものを受容する傾向にあるといえます。そこに,ICT化時代のなかで,幼児教育は何を課題として取り組むべきか,という問題が提示されているように思えます。

　まず,幼児教育の「幼児」は何歳までを指すのか,という疑問を解消しなければなりません。政府が「幼児教育の無償化」を提案すると,無償の対象は幼稚園か保育所か,ということが話題になりました。「教育」に関することですから,文部科学省の方針をまず確認してみました。同省は,教師の役割を次のように明記しています。

　　　教師は一人一人の幼児を理解し,いっしょに遊びながら幼児の興味が広がったり深まったりして,さらに楽しめるようにします。また,すぐに手助けすると幼児自身が工夫したり友達と助け合ったりする機会が少なくなることもあるため,教師はすべてを手伝うのか,ヒントを与えるのか,自分たちで解決できるまで見守るのかなどを考えてかかわります。
　　　　　　　　（「幼児の学びを支える教師　子育て支援と預かり保育」より）

　大人はいつの時代も,子どもの成長に役立つものは何かと考えます。企業は知恵を絞り,衣服・玩具・おやつや飲料などの食料品の開発を進め,留まるところがありません。近年,教育に関するグッズ,すなわち「知育」に特化したものが大量に創られています。巷にあふれているこれらは,子どもの成長に必

要なものばかりでしょうか。

❶知育教材とは

「知育」のグッズには菓子やドリルもありますが，主流は玩具です。知育玩具とは，幼児や児童の知能的発達を促進する玩具，または幼児や児童の学習の助けになる玩具のこととされています。**教材**は知識を増やすことを目的に用いられるものですが，**知育玩具**は，考えることや表現することを通じて，知能全般の発達を促すことを目的としています。知育玩具の概念は定まってはいませんが，1838年には**恩物**という玩具がすでに創られています。ドイツの教育学者であるフリードリヒ・フレーベル（1782年4月21日生―1852年6月21日没）が創作したもので，成長段階を追って与えられる教育玩具といわれています。玩具でも教材でも，子どもの成長段階に合わせて与えることが望ましいことはいうまでもありません。しかし，今は玩具を選ぶのが難しい時代です。昔の子どもと今の子どもを比べると，成長段階が異なるからです。発達の違いは，社会の仕組みの違いにあるのでしょう。

グローバル化が求められる現代は，語学力――英会話力が重視されています。現役世代の保護者の中には，英会話力のなさが仕事の成果に支障を来していることを，身に染みて感じている人も少なくないでしょう。小学校では英語が必修になったことから，英会話力は必要と考え始めた保護者も増えているでしょう。グローバル化は社会のICT化と密接に関わります。日本のオフィスにいながら，世界の企業とインターネットで商談し，発注を受けています。世界とつながっているのは大人だけではありません。例えば，京都に住む小学生でも，インターネットを使えばテレビでは見られない北海道の出来事や世界の様子を知ることができます。幼児の中には虫博士と呼ばれる子どもがいます。図鑑では掲載しきれない幼虫の姿も，インターネットを使えば，さまざまな種類の幼虫に出会えます。生活のICT化が，子どもの興味を深める助けをしている好例といえます。無論，子どもの生活環境がICT化されることの弊害はあります。ゲーム依存もその一つでしょう。

すでに述べたように，保護者は教育に関する情報をインターネットからも得ています。自治体や文部科学省・厚生労働省などが発信する情報を得るよりも，玩具購入のためにインターネットを活用する場合が多いのではないでしょうか。試しに「玩具」とキーワード入力してみますと，多くの知育玩具を目にします。0歳児用の知育玩具もあります。英語力を育てる玩具は大量に出回っています。一方，英会話教室の広告へもリンクが貼られています。保護者がこの仕組みから逃れるのは難しいように感じますが，ICT化が加速する社会を，保護者も保育者も一度じっくり検証してみる必要がありそうです。

子どもにとって，特に就学前の時期には「あそび」が大事だといわれます。「あそび」を通して，さまざまな体験を重ねるからでしょう。室外で自然と触

れ合うことで感性はより豊かになります。きれいに咲いた花もやがて散り，園庭にいた虫が死んでいることも知ります。友達とブランコの取り合いや泥団子作りをして，人と関わることを学びます。無論，室内でのあそびからも，多くのことを体験します。何より子どものより良い人格形成のためには，多くの人との関わりが不可欠です。文部科学省の言葉を借りるなら，教師は「すべてを手伝う」のか「ヒントを与える」のか「見守る」のかを考えるのが役目ということになります。子どもにとって保育者も保護者も，教師としての役目を担っています。就学後の成長を見据えた知育の必要性は否定できません。外あそび・室内あそびの区別なく，「あそび」を通して子どもの興味が拡がり深まるようなインターネット活用を考える─これがこれからの保育者が取り組むべき課題なのです。人格形成を妨げないインターネットの活用法が実践されれば，就学後の子どもは，主体的に学び成長していけるのではないでしょうか。

第Ⅱ部

保育者のためのワーク

　大学・短期大学での学習では，他者とのやりとりを通して，自分とは違うものの見方や考え方を知り，視野を広げることが大切です。そのためには，他者の話を聴き，その意図や感情をとらえると同時に，自分の考えや思いを他者にわかりやすい表現で伝える力が求められます。第Ⅱ部では，第Ⅰ部の知識を保育現場で活かすために，演習として11のワークを準備しました。各ワークに取り組み，保育者に必要な力を育てましょう。

ワーク1

自己紹介文の作成

　人間関係が上手く築けるかどうかは，最初の挨拶で決まるといっても良さそうです。実習初日には，「おはようございます。今日からお世話になりますK短期大学の文教花子です。どうぞよろしくお願いいたします。」と挨拶します。この挨拶は，最も短い自己紹介文といえます。口頭での自己紹介は短く簡潔である方が効果的で好まれます。しかし，文面での紹介文には，自分の経験や考え，将来の夢や目標などを書くことが求められます。まずは，楽しみながらお互いに話を聴き，伝える練習をしてみましょう。

★ グループのメンバーに自己紹介をしてみましょう
【紹介する内容】
　「今朝」起きてから出かけるまでのあなた。
　「今」ここにいるあなた。
　「授業後」のあなた。
　＊各々をイラストやキーワードで表してみましょう。

【人　　数】4～5人

【方　　法】
　①3コマの自己紹介シートを作る。
　②シートを使って自己紹介（1分程度）。
　③人の話を聞きながら，メモをとる。
　④振り返りコメントを記入する。
　　（例えば，「自己紹介でわかったこと」「やってみて学んだこと」など）

【作成のための準備】
　言いたいこと，伝えたいことをすべて書き出す。
　　　　　↓
　掲出した事柄を，大事なことから順番に並べる。
　　　　　↓
　制限時間内にいくつ話せるか判断する。

↓
話す項目を決定する。

【作成上の注意】
・キーワードは，わかりやすい言葉を選ぶ。
　＊難しい単語や四字熟語は避ける。
・イラストはシンプルなものを使う。
　＊凝りすぎると，話よりイラストに注意が向く。
・イラストとキーワードのバランスを考える。
　＊バランスが悪いと，見づらくなる。

※時間に余裕があれば，グループを組み替えて再度行ってみましょう。1回目の経験から，少し工夫をしてより良い伝え方ができるかもしれません。また，メンバーが変われば発信する情報や伝え方が異なり，新しい発見があるかもしれません。

memo

ワーク１　自己紹介文の作成

３コマを使って自己紹介

【今朝】

【今】

【授業後】

学籍番号　　　　　　　　氏名

ワーク 2

自由な発想に挑戦―ブレーン・ストーミング

　「ブレーン・ストーム」（brainstorm）とは，突然思いつく妙案，インスピレーション，突然の精神錯乱という意味です。1941年，アメリカの創造性開発の研究者オズボーンは，自由に思いついたことを出し合う集団的思考法を，ブレーン・ストーミングと名付けました。

　もともとある考え方にとらわれず，面白いアイデアを出すための思考法として，現在でも企業だけでなく，様々なところで広く活用されています。

　オズボーン（1958）を参考にブレーン・ストーミングのルールと方法について解説します。

【人　　数】5～10名

【方　　法】テーマを決め，一定のルールにしたがって自由にアイデアを出し合い，話し合いをします。1時間程度をめどに話し合いを進めます。

【評　　価】ブレーン・ストーミング終了後には，出されたアイデアの審査が行われ，有望なものが採択されます。

【ブレーン・ストーミングのルール】
　こり固まった頭をやわらかくし，自由に発想を広げ，アイデアを出し合うためには，メンバーがリラックスして参加できる自由な雰囲気が必要です。そのために，4つの約束事があります。

❶奇抜なもの，滑稽なものが歓迎されます。
❷良いアイデアを出そうと気負うことなく，とにかく多くのアイデアを出すことが，素晴らしいアイデアの出る可能性を高めると考えられます。
❸他者が出したアイデアに付け加えたり，便乗したりして，連想するものを挙げていくことも歓迎されます。
❹「批判や評価をしない」ことです。人は批判されると萎縮してアイデアが出にくくなります。良い，悪いは後にして，とにかくアイデアを出すことが，全体でのユニーク

な発想に結びつきます。

　私たちは日常，さまざまな疑問をもちます。
　「○○のもっと面白い使い方はないかな？」「レポート，何について書こうかな？」「私は将来，何をしたいんだろう？」
　私たちは，自分が知っていると認識していること以外にも，無意識のうちに五感を通して得ている情報がたくさんあります。自分がもっている知識，何となく感じていること，気になっていることなどは，ことばや絵など，何らかの方法で外へ出す（外在化する）ことで，はじめて頭の中に存在することがわかるのです。また，同じキーワード（テーマ）を与えられても，人それぞれにイメージが違い，ことばによる表現もさまざまなことから，グループでブレーン・ストーミングを行うことで，お互いに刺激をうけ，思わぬアイデアが飛び出すこともあります。

　次に，1つ実践例を挙げておきます。「春」をテーマにしたブレーン・ストーミングです。

実践例

★ 遊び気分で実践してみましょう
■ 課題：テーマ「□□」

　今回のテーマは，授業担当者が提示しますが，各グループで自由に設定しても良いでしょう。

【実施の手順】
- ・思いついた言葉は，Ａ４の模造紙に書き出してみましょう。
- ・関係のある言葉を探して，囲んでみましょう
- ・もっと違ったまとまりができないか，考えてみましょう
- ・囲んだもの同士を新たに結び付けられないか，考えてみましょう

どのような発見がありましたか？　記録しておきましょう。

memo

ワーク 3
ノート・メモのとり方

　学生生活では，さまざまな場面で人の話を聴き，そのポイントを自分なりの方法で記録すること，つまりメモやノートを後で役立つように作成する必要があります。例えば次のような場合です。

- 講義やゼミなど授業を受けるとき
- サークルで打ち合わせをするとき
  （例：新入生歓迎イベントや学園祭での出し物についてなど）
- 他の人から指示やアドバイスを受けるとき
  （例：授業の補助にあたる場合＝TA など，アルバイト時など）
- 電話で問い合わせをするとき（例：就職活動等）
- 友人と約束をするとき

■ メモ，ノートの利点
　メモやノートはなぜ必要なのか，利点は何かについて，以下に述べます。

【記　　録】
　書籍や印刷資料など，書かれている情報は後で見直すことができますが，人の話はその瞬間に消えていきます。したがって，自分で記録しながら聴くことが必要なのです。

【人の話を聴く姿勢】
　教員による講義も含めて，人はいつも順序立てて，わかりやすく，論理的に話をしてくれるとは限りません。それでも，「この人の話を聴いて，理解するぞ！！」という姿勢が大切です。それはつまり，流れていく情報のなかから，「大切なキーワード，ポイントをキャッチするぞ」（メモ，ノートをとる）ということです。

【聴いた内容の再現】
　メモやノートをとるのに必死で，内容については，十分理解できていないこともめずらしくありません。しかし，メモやノートを後で見直したとき，キーワードや記号によって，「キャッチできた情報」と「キャッチできなかった情報（後で調べる内容），そして疑問点

が分かれば，それをもとに調べたり，聴いたり内容をもう一度組み立てることができます。

■ **作成のテクニック**

効率よくメモ，ノートをとるには，**テクニック**が必要です。次に，そのポイントを挙げます。

---

❶項目名を書く
　何についてのメモ，ノートなのかがわかるように項目名（見出し）を目立つように書きましょう。
❷作成した日付や通し番号を書く。
　後で混乱しないように，必ず書くようにしましょう。
❸数字や名前などの固有名詞に気をつけて書く。
　数字（数量や日付），人の名前や場所などは忘れないように必ず書きましょう。（はっきり聞きとれなかった場合は，後で確認しましょう）
❹記号や矢印を利用する。
　メモ，ノートをとる際は，速く書くことが求められます。漢字がすぐに浮かばない場合は，ひらがなやカタカナ，記号，矢印も使って，後で見ればわかるように工夫して書きましょう。
❺順番よりもキーワードをキャッチすることを心がける。
　特に講義では，始めからすべてを記録しようとせず，大切なこと，重要なキーワードをとらえて記録しましょう。
❻余白を取り，後から補足情報や疑問点を書き足せるようにする。
　話の前半に出てきた内容と関連して，後半に重要なキーワードが出てくる場合もよくあります。また，話を聞いて疑問に思ったことや，新たに気づいた事柄も書き加えると良いでしょう。
❼聞きとれなかった情報や不明な部分は「？」などの記号をつける。
　不明な箇所がわかるようにし，後で調べるようにしましょう
❽グループワークなどでの自分の役割分担を記入するようにする。
❾丁寧に書くことにこだわらない。
　❺とも関連して，メモやノートは速さが勝負です。後でわかる程度の文字であればOKです。

メモとノートでは，必要な場面が多いのはどちらでしょう。友人との会話やサークル，アルバイトなど，日常的に必要なものはメモです。どちらとも作成のテクニックは基本的には同じですから，日常的な場面で上手にメモをとる工夫を行えば，長い講義でも効率的にノートをとる力が身に付きます。そこで今回は，施設実習の前に各施設で行われるオリエンテーションに参加して，注意事項のメモを取るということを想定し，ワークを行います。

【準備】グループ分け：1グループは5～6名程度

【ワークの手順】
❶施設実習に関する事前の説明を授業者から聴く。
❷「実習心得」を授業者が読み上げるのを聴き，各自メモを取る。
❸グループごとに模造紙を壁に貼るか，広い机の上に設置する。
❹各自のメモをもとに，グループのメンバーで内容を確認する。
❺確認した内容を整理し，グループとしてのメモを模造紙にまとめる。
❻グループごとに発表する。
❼他のグループのまとめを閲覧する。
❽メモの模範例とグループで作成したものとを比較する。
❾記録の不備（記載すべきポイントが盛り込まれてるか）を確認し，修正する。

【開始前の注意】
授業担当者は，ワークを実施する前に，以下のことを伝えておくことが必要でしょう。

〈補足説明〉
・使用する「実習心得」は，一例にすぎません。各施設によって異なりますので，注意してください。
・施設実習は養護施設と障害者施設に分かれます。
・養護施設は基本的に障害とは関係のない子どもたちが生活している施設です。
　＊障がいのある子どもが家庭の事情で入る例もあります。
・障害者施設は大人になるまでの子ども対象の施設と大人だけの施設があります。
・多くの人が大人の施設で実習します。
・実習する施設には宿泊する場合と通う場合があります。
・オリエンテーションの説明は施設，職員によって若干異なります。

参考　障害：「障碍」「障がい」とも表記される。常用漢字表の「障」の使用例としては「障害」の記載がある。内閣府は，平成22年に実施した調査に基づき，「法令等における「障害」の表記については，当面，現状の「障害」を用いる」としている。「障害者施設」という表記は，この決定による。
　＊「こども」「子ども」「子供」の表記も，「障害」と同じように論じられる。
　　「子供」の表記を避ける理由は，「供」は「つき従って行く人。従者。また，従者としてつき従うこと。」の意味があることから，「子供は大人のお供をする（従属する）存在であるというイメージが生まれる」との考えからだ。平成24年度「文部科学白書」では，既存の固有名詞での使用をのぞき，すべて「子供」という表記が用いられている。新聞は「子供」と表記する。

(例)
|実習心得|

　こんにちは。これから実習のオリエンテーションを始めさせていただきます。わからないことがあったら質問してください。まず，服装についてです。
　事業所によっては，動きやすいようにジャージにするよう指示があったり，逆に，動きやすくても運動着となるので避けるようにいわれることもあります。京都文旦園は特に指定はありませんが，もしもジャージで実習されるようでしたら，外出の付き添いをしていただくこともありますので，ジャージ以外の普段着をご持参ください。
　胸元が空いていたり，ぴったりとして体の線がでるようなもの，下着が透けるようなものは避けてください。フードつきのものも利用者の方が興味を持ち，引っ張ってしまうことがあるので避けて頂きたいと思います。
　毎日の散歩を日課としています。30分から1時間程度は歩きますので，歩きやすい運動靴，帽子の準備をお願いします。室内用に履物を準備するのであれば，スリッパでお願いします。皆さんもお家の中では運動靴を履くことはないと思います。それと同じ感覚でお願いします。
　利用者さんに声をかけるときは，できるだけ早く名前を覚え，「○○さん」と声をかけてください。利用者の方は皆さんより年上の方ばかりで，ほとんどの方が人生の大先輩です。そのことを忘れずにいてください。たくさんの方がいらっしゃるので，名前を覚えることは大変だと思います。お客様をお迎えする行事などでは，利用者さんも職員も名札をつけますが，普段の暮らしでは，名札をつけることはありません。皆さんも家の中で名札をつけることはないでしょう？それと同じと考えてください。
　暮らしの中では，愛称で呼び合う利用者さんと職員の姿を目にするかも知れません。一緒に暮らす中での関係性がそのような雰囲気を醸し出すことがあります。例えば，家の中では愛称で呼び合っていても，一歩外に出れば呼称や言葉遣いなどに注意を払うと思います。私的な場面と公的な場面での使い分けというとイメージしてもらえるでしょうか？
　利用者さんの言葉が上手く聞き取れず，理解できないことがあると思います。何度か尋ね直しても，わからないことは私たちにもあることです。その人の暮らしぶりを知ることが手がかりとなり，不思議と聞き取れるようになっていくものですが，これにはある程度の時間が必要です。わからなければ，わかったふりをするのではなく，近くにいる職員に仲立ちを求めてください。利用者さんのなかにも仲立ちをしてくださる方がいらっしゃいますので，助けを求めると，力を貸してくださいます。
　実習日誌について
　実習日誌は毎日実習終了後に書いてください。それを翌朝実習担当者に提出してください。また，実習日誌を書くときは，誤字，脱字や文章表現が適切か，何度も読み直して確認するようにお願いします。
　実習中の行動について，所属している生活棟または作業場の職員の指示に従ってください。
　利用者さんが生活している施設ですので，早朝と夜の実習があります。早朝実習は利用者の方が起床する5分前に配置についてください。夜の実習は利用者の方が就床した後に，泊まっている宿舎に帰ってください。
　施設の外に出かける用事があるかも知れません。その際は，所属している場所の職員か，事務所に届け出てください。帰ってこられた際は，その旨をただちに報告してください。皆さんは実習のために来られていますし，実習中は学校から皆さんの安全を託されています。そのために，皆さんの所在をしっかり把握させてください。
　次ですが，集団生活なので，感染力のある疾病であれば蔓延します。高齢の方が多く，命に係わる状況になることもあり得ます。自身の健康に注意を払い，体調が悪ければ早めに休養をとる，受診して状況を確認するなどを心がけてください。少しでも不調だと感じたときは，一人で判断せず，近くの職員に相談してください。

泊まっていただいている宿舎は常に清潔にしてください。また，部屋には鍵をかけていただきますが，貴重品の管理についても気をつけてください。皆さんの実習中に誰かが宿舎を守り，管理してくれるわけではありません。実習中に使用する部屋は，自分の責任で管理するよう意識してください。宿泊を伴う実習である自覚を持ってください。
　自分の家に，毎日お客様がいることを想像してみてください。賑やかになって楽しい反面，気を使う部分もあり，疲れも出るのではないでしょうか？　利用者の皆さんにとって実習生さんを迎えるということは，自分たちの家にお客様を迎える状態と一緒ということです。利用者の皆さんに感謝して，学ばせて頂いてください。
　実習中に得た情報については，秘密厳守を徹底してください。
　個人情報の取り扱いについては敏感になってください。どのような職業に就こうとも，このことは厳守しなければなりません。悪気なくしてしまったことが，思いもよらない事態に発展してしまい，取り返しのつかない状況になることもあります。十分お気をつけてください。「実習中に，写メを撮り友だちに送った」「ブログにアップした」などのようなことがあった場合は，即実習を取りやめ，学校に報告します。状況によっては，今後，皆さんの大学からの実習をお引き受けできなくなります。あなただけの問題ではないということを，しっかり心に刻んでください。
　実習時間中は携帯電話もメールも使用しないでください。
　洗剤，シャンプーなどは持参してください。施設内のものは全て利用者さんのためにあるものです。実習中，宿泊しますが，ホテルや旅館ではないことを忘れないようにしてください。

　さて，どのようなメモができましたか。
　次に，一例を挙げておきますので参考にしてください。これ以外はすべて「悪いメモ」ということではありません。大事なことを漏らさず記していれば，「良いメモ」になります。

```
1  服装は活動的なものであること。
2  利用者の方には，「○○さん」と声をかけること。
3  実習日誌は毎日実習終了後に書き，翌朝，実習担当者に提
   出すること。
4  実習中は，所属（生活棟，作業場）の職員の指示に従うこ
   と。
5  早朝実習は利用者起床5分前に配置につき，夜の実習は利
   用者就床後，宿舎に帰ること。
6  施設外に出るときは，所属の職員および事務所に届け出る
   とともに，帰施設の際は，その旨ただちに報告すること。
7  負傷，病気の際は所属の職員に連絡し，適切な処置を受け
   ること。
8  宿舎は常に清潔に保つこと。
9  宿泊実習であるという自覚をもつこと。
10 実習中に知り得た，利用者とその家族に関することを他に
   もらさないこと（秘密厳守）。
11 実習時間中は携帯電話およびメールの使用をしないこと。
12 洗剤，シャンプー等は持参すること。
```

次に，グループで作成した模造紙の例を紹介しておきます。

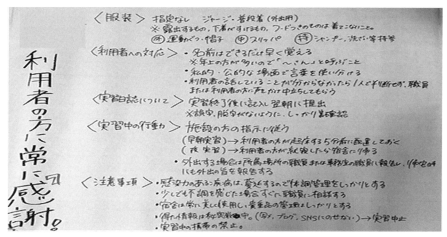

「グループで作成した模造紙の例」

memo

ワーク4
レポートの書き方

大学の学びでは，レポート課題も少なくありません。レポートとその他の文章には，どのような違いがあるのでしょう。

タイプ	特徴
感想文	何かに対して，感じたこと，心に残ったことを素直に読み手に伝える文章。
作文	日頃考えていることや意見を気楽に率直に表現し，読み手に伝える文章。
レポート	日頃考えていることや意見をさらに深く追究考察し，一般論と自分の意見の相違点を明らかにし，意見を述べ提言する文章。

伝える内容から区分すると，次のように表示できます。

伝える内容	例えば…	必要なこと
事柄	説明書・マニュアル・メモ	客観性・論理性
事実1	新聞・レポート	客観性・妥当性
事実2	日記・手紙	独自性・主観性
感性	小説・回想・感想文	独自性
思想	論文・レポート	客観性・論理性 妥当性・独自性

表からわかるように，レポートに必要なことは「客観性」と「妥当性」です。さらに「論理性」と「独自性」があれば，より良いレポートになります。

では，「客観性」「妥当性」を持たせるには何が大事なのでしょう。

❶明確な「問い」が立てられている。

与えられた課題や自分で設定した課題に対して，「なぜ○○だろうか？」「○○とはどのようなものなのか？」など，しっかりとした「問い」を立てることが必要になります。

「問い」に答えていく形で書いていくと良いレポートになります。

❷明確な「主張」がある。

❶で立てた「問い」に答えていく形で書いてゆきましょう。

「問い」に対して考えを書いていくと，それが「答え」として表れてきます。これが「主

張」になるのです。「問い」を立てた段階で，おおよそで良いですから，「私は△△と考える」と言い切ってみましょう。それを整理すると明確な「主張」になります。

❸明確な「論証」がある。
　❷の「主張」が正しい「答え」であることを証明しなければなりません。そのためには根拠が必要です。「根拠」を示す作業を行うことで，なぜそのような「主張」ができるのかという理由を述べます。これを「論証」といいます。

　❶から❸の順に考えを進めると，良いレポートが書けるはずです。

「良いレポート」を書くには，次の点にも注意しましょう。

- 文体は常体【「である，だ」調】にしましょう。敬体【「です，ます」調】は作文や日記・回想などに用います。注意すべきことは「文体の統一」です。常体と敬体を混ぜてはいけません。
- 「標準語の書き言葉」を用いましょう。学生用語や略語を使ってはいけません。「話し言葉」は使わないこと。例えば「けど」「なので」も「話し言葉」です。
- 文章の頭と文章の最後で食い違いがないか，確認しましょう。
- 主語と述語がわかる文章を書きましょう。主語と述語の間に修飾文を多く入れると，意味不明になります。複数の短文に分け，一文で一つの事柄を述べるようにしましょう。
- 自分はわかるが，読み手には理解できない曖昧な表現は避けましょう。
- 「つなぎ言葉」（接続語）は正しく用いましょう。
- 「私は～」は必要ありません。すべて，私が考え，述べているからです。
  必要な場合には，「筆者は～」とか「論者は～」という言葉を用いて，自分の説を展開しましょう。

　自分の考えを明確にまとめるには，以上のことを守り練習しましょう。「良いレポート」になるはずです。
　それでは，具体的にテーマを設定し，自分の考えを根拠とともに述べる練習をしましょう。
　レポートでは，自分の考え（主張）を述べる際，「なぜなら～であるから」と，その理由(根拠)を示すことが必要です。根拠があるかないか，また，根拠の内容や示し方によって，相手が納得できるかどうかが変わってきます。根拠は，理由（自分の考え）＋裏付け（確かめることのできる事実）です。裏付けは，文献調査，実験，アンケート調査の結果などによって示すことができます。
　主張と根拠を含めたレポートの作成を「携帯フィルタリングの利用について」というテーマを例に考えてみましょう。STEP 1 から STEP 5 のような流れが考えられます。根拠と裏付けの例については STEP 3 で詳しく説明しています。

■ レポート作成の流れ
STEP 1
「○○について」などテーマを設定して，タイトルをつける。
例：携帯フィルタリングの利用について
STEP 2
自分の意見を述べる。
例：携帯フィルタリングは必要ない。
STEP 3
根拠（理由）＋裏付け（理由）を述べる。
例：理由1：携帯フィルタリングがかかっていることにより，利用できないサイトが多い。その中には，全く害のないサイトも多く，非常に不便である。
　→例えば○○○のサイトは有害でないことが明らかであるのに，私の携帯では見られない。（事実による裏付け）
例：理由2：携帯を買ったときにはフィルタリングがかかっていても，保護者に頼んではずしてもらっている人も多い。
　→○○協会の調査によると，10代の携帯利用者○人のうち，○％の人しか携帯フィルタリングを使っていない。（調査データによる裏付け）
例：理由3：有害なサイトは，携帯以外の手段でも見ることができるため，フィルタリングのような技術的な対策ではなく，有害なサイトとそうでないサイトを自分で見分け，危険から身を守れるよう，教育に力を入れることが重要である。
　→○○大学の○○氏は……と述べている。（文献調査による裏付け）
STEP 4
再度自分の意見を述べる。
例：理由1～3により，携帯フィルタリングの利用は必要ないと考える。
STEP 5
参考文献を挙げる。
○文献の場合。
　著者名，『書名』または「論文名」，発行所，発行年，参照頁
　（例：秋田喜代美編著，『教師の言葉とコミュニケーション』，教育開発研究所，2009）
○ホームページの場合：ホームページの名称，URL
　（例：文部科学省ホームページ，http://www.mext.go.jp/）

★ では，上記の点に注意しながらレポートを作成してみましょう
テーマ：幼児に対して早期教育（習い事）を行うべきか
　＊「早期教育」の定義はさまざまです。
　　対象とする年齢も胎児から小学校以前と幅があります。
　　今回は「幼児」を対象にして，習い事に焦点を当てて，作成しましょう。

【字　　数】
　パターン１：400字（主張と根拠を必ず含める）
　パターン２：800字（主張，根拠，裏付け〈理由〉，参考文献を含める）

練習1
「パターン１」で作成してみましょう。

練習2
「パターン２」に「パターン１」を書き換えてみましょう。

　Q. 主張と根拠では，文字数はどちらが多いでしょう。
　A. 根拠が多くなります。

♪アドバイス♪

①まず，提示された問題に対して「賛成」「反対」のどちらの立場に立つかを考えましょう。「どちらともいえない」という場合でも「賛成」「反対」のどちらの気持ちが強いか，自分に尋ねてみましょう。
　そうすれば「賛成」か「反対」かの判断ができます。それを「主張」とすれば，「根拠」が示しやすくなります。

②400字と800字ではどこが違うのでしょう。それは「裏付け」が書かれているかどうかの違いです。
　「根拠」が「私の勝手な思い」ではないことを証明するための研究やデータを示さなければ，主観を述べただけになります。研究やデータが「裏付け」で，それらを調べるために使うのが「参考文献」でしたね。

---

memo ✎

【参考ワークシート】

レポートを作成する際，必要であればワークシートに下書きしてみましょう。

レポート作成のためのワークシート

STEP 1 テーマ（サブテーマ）

STEP 2 自分の意見を述べる

STEP 3 根拠＋裏付けを述べる

STEP 4 再度自分の意見を述べる

STEP 5 参考文献を挙げる

【レポート評価】

　レポート作成時に注意することは，すでに述べました。では，レポートの評価は，どのような基準で行われるのでしょう。評価基準を示した例を，一つ紹介します。

　　　　　　　　　　　　　　　　　　　　　　　　　　　　学籍番号　　　　　氏名

○レポートは，以下の観点で評価します。
「　　　　　　　　　　　　　」について，自分の意見を根拠とともに述べなさい。

評価観点 ＼ 評価基準	素晴らしい！ （3ポイント）	もう少し！ （2ポイント）	がんばろう！ （1ポイント）
①主張の明確さ	テーマについて，自分の考え（主張）が明確に示されている。※条件付も可	テーマについて，自分の考え（主張）は読み取れるが，明確さに欠ける。※条件付も可	テーマについて，自分の考え（主張）が書かれていない。
②主張の根拠（理由）	主張の理由として，自分の考えが明確に示されている。	主張の理由として，自分の考えが書かれてはいるが，あいまいで意味がとらえにくい。	主張の理由として，自分の考えが書かれていない。
③主張の根拠（裏付け・データ）	適切なデータ，事実が，必要なだけ記載されている。	データ，事実が記載されているが，適切でない。	データ，事実が書かれていない。
④主張の根拠（裏付け・文献からの引用）	複数の専門家の解釈，見解を，適切に引用している。	専門家の解釈，見解を引用しているが，適切でない。	引用がされていない。
⑤引用文と自分の意見の区別	どこまでが引用文で，どこからが自分の意見か，読み手から区別できるように書かれている。	引用文と自分の意見の区別があいまいである。	引用文と自分の意見の区別がされていない。
⑥文章構成	文章は順序立てて記述され，読者は内容を容易に理解することができる。	文章は順序立てて記述されていないところがあり，内容を理解するのは不可能ではないが，読みにくい。	順序立てて組み立てられた文章ではないので，読者はその内容を理解できない。
⑦日本語	漢字や文法上の誤りがない。 ・主語と述語の対応 ・「です・ます」，「である」等の文体の統一 ・改行の仕方など	漢字や文法上の誤りがある。 ・主語と述語の対応 ・「です・ます」，「である」等の文体の統一 ・改行の仕方など	漢字や文法上の誤りが多数ある。 ・主語と述語の対応 ・「です・ます」，「である」等の文体の統一 ・改行の仕方など

※字数制限によっては，③④を含めることが難しい場合もある。

紹介した表は「ルーブリック（Rubric）評価」といわれる評価法が用いられたものです。一般的な学習の成果は，知識や理解をテストで判断することで評価されています。そのため「思考・判断，スキルなど」は評価が難しいのです。ルーブリック評価が用いられる場合は，評価者（指導者）と被評価者（学習者）の両方が，あらかじめ評価の規準（何を学習するのか）と基準（学習が到達しているレベル），評価の観点を知っています。指導者は，学習者に「できるようになってもらいたいこと」を明確に設定し，到達レベルを段階に分けて示すのです。テストでは判断が難しいことも評価しようという思いから考えだされた評価方法なのです。

【評　　価】

　採点用ルーブリックを事前に確認し，参考にしましょう。

　レポートを作成，提出する際，ルーブリックを添付し，授業者から評価してもらいましょう。

　上達するには，自分で評価することも大事です。他者の評価を受ける前に，「ルーブリック評価」を使って不備を見つけ，良いレポートになるよう，修正することを心がけましょう。

memo

ワーク5

プレゼンテーションの計画と資料作成

[1] プレゼンテーションとは？
(1) 考えや意思を伝える技法
　新型車発表のプレゼン会場，プレゼンテーション用ソフトなど，近頃プレゼンテーションという言葉を生活のなかでよく見聞きします。プレゼンテーションという言葉は，広告会社が得意先に計画を提案する技法として欧米を中心に以前から使われていました。しかし，現在ではビジネスの場だけでなく，研究発表や授業での発表など，さまざまな場面で，「情報を相手にわかりやすく効果的に伝える技法」として取り上げられています。

(2) 真心を込めた情報のプレゼント
　プレゼンテーション（presentation）は，英語のプレゼント（present）を語源とし，一般的に「発表」，「提示」と訳されます。例えば，私たちが誰かにプレゼントをするときのことを考えてみましょう。

---
❶相手に喜んでもらえるものを考える…………（情報収集）
❷適切な品物を選ぶ……………………………（選択）
❸品物を包装しメッセージカードをつける……（編集・加工）
❹相手に品物を渡す……………………………（表現・伝達）

　このようにプレゼントは，相手に真心を伝えたいという気持ちの表れともいえます。つまり，プレゼンテーションとは，相手が知りたいことを，わかりやすく，印象深く，効果的に伝えるための技法で，話し手から聴き手へ，情報を真心を込めて伝達することといえるでしょう。では，真心を込めて伝達するには，どうしたら良いのでしょう。

(3) 良いプレゼンテーションの条件
　良いプレゼンテーションを行うためには，
　・「何のために」（目的）
　・「だれに」（対象）
を明確にし，伝達したい情報の内容を構成しましょう。そのうえで，

・「どのように」（方法）

を決めるために，メディアの利用方法を考える必要があります。

[2] プレゼンテーションの分類
(1) 言語プレゼンテーション
　一般的にスピーチ（speech）を指します。これは，話しことばに該当し，最も基本となる重要な部分です。

(2) 非言語プレゼンテーション
　話し言葉以外のプレゼンタの行為全般を指します。顔の表情，アイコンタクト，身振り手振り，くせ，服装，アクセサリ，においにいたるまで言語以外のすべてを含み，プレゼンテーション全体の評価に大きく影響します。また，声の大きさ，声の高さ，言葉遣いや抑揚，話す速さや間の取り方なども含まれます。

(3) メディア利用によるプレゼンテーション
　印刷物，黒板，書画カメラ，ビデオ，コンピュータなど，情報を伝達する手段としてさまざまなメディアを利用するプレゼンテーションです。メディアを利用することによって，言葉や身振りだけでは伝わりにくい情報をわかりやすく説明したり，聴き手に印象を与えたりすることができます。

[3] プレゼンテーションの学習法
(1) マイクロプレゼンテーションとは
　マイクロプレゼンテーションとは，仲間同士で発表者と聴き手とを交代して短いプレゼンテーションを行い，お互いに評価することによって，プレゼンテーション技術の向上を図る訓練法です。

(2) マイクロプレゼンテーションの特徴と方法
　❶プレゼンテーションの時間を実際のものより短くする。（3分～5分）
　❷プレゼンテーションの内容を絞り，対象者を明確化する。
　❸聴き手は，5～10名程度と小規模で行う。
　❹プレゼンタと聴き手を交代して行う。
　❺聴き手によるプレゼンタの評価を行う。
　❻ビデオカメラなどで録画し，実施後の自己評価や分析ができるようにする。

　このように，プレゼンテーションを計画－実施－評価する過程を体験し，観点を具体化して客観的な分析・評価を行うことにより，各自のプレゼンテーションを総合的に見直します。その結果，改善点を明らかにすることができるのです。

［4］プレゼンテーションの評価
　マイクロプレゼンテーションの評価は，以下の8つの観点から行うことができます。

【A．発表の方法（聞き手を意識した情報伝達）】
　❶発表の態度：姿勢・アイコンタクトなど
　❷話し方：声の大きさ・強弱・スピード・間の取り方
　❸資料の見やすさ：文字，表，図など
　❹時間配分

【B．発表の内容（テーマ，仮説，構成）】
　❶聞き手の興味を引くテーマ設定
　❷全体のストーリー，流れ
　❸ポイントや結論の明確さ
　❹データや引用が適切（量・正確性等）

memo 🖉

★ 実際にプレゼンテーションの計画を立ててみましょう

■ 課題

テーマ「子ども」

・子どもに関わる問題を複数考え，書き出しましょう（箇条書き）
・書き出した課題から，発表に適した課題を1つ決めましょう。

【参考ワークシート】

テーマ：「〇〇〇」
例）思い浮かぶ言葉

（発表時間3分）

★ 次に発表時に提示する資料を作成（A4判用紙）しましょう
　＊文字の大きさ，レイアウトなども考えます。

【資料の分量】
　A4で表紙を含めて3〜4枚程度。

■ プレゼンテーション資料の例
　テーマ：子どもとランドセル

【発表原稿の作成】
　以下の点に注意して3分で話せる内容を書いてみましょう。
- 原稿は「書き言葉」で作る。
    - ＊対面形式で，口頭での発表になるので，聞き取りにくい語彙や難しい言葉は避ける。四字熟語の連発などはしない。
- 一文が長くなりすぎないようにする。
    - ＊長文になると，内容がブレたり曖昧になったりするので，何が言いたいのかわからなくなる。
- 時間配分をする。
    - ＊各項目を話すために使う時間を考える。出たとこ勝負では，時間を超過したり持ち時間が残ったりする。

> **♪アドバイス♪**
>
> ①3分で話せる量には,個人差があります。少し早口の人とゆっくり話す人では,当然差ができてしまいます。日頃から「あなたは早口ね」と言われている場合は,その点も頭に入れて原稿を作成しましょう。
> 　1200字程度を目安にすると良いでしょう。話す速度は調整しましょう。
>
> ②なぜ原稿は「書き言葉」で作るのでしょう。
> 　「話し言葉」で書きますと,口頭発表であるにもかかわらず原稿を読み上げてしまいます。聞き手の方を見ないで,下を向いたままになる危険性があります。
>
> ③原稿は「話したい内容のポイント」だけを頭に入れましょう。丸暗記する必要はありません。自然に話すコツです。

memo

ワーク6

プレゼンテーションの実践

★ 資料を提示しながらプレゼンテーションを行いましょう ──────

【発表の方法】
　5名程度のグループ，またはクラス全体で行いましょう。

【時　　間】
　タイムキーパーは時間を計り，終了1分前（2分経過）と終了時（3分経過）に発表者に伝えましょう。

【評価シートの記入】
　一人の発表について，4名くらいの聞き手から評価とコメント記入をしてもらいましょう。

【評価シートの返却・振り返り】
　発表が終わったら，評価シートを発表者に渡し，発表者はそのシートを参考に改善すべき点を考えてみましょう。

memo

プレゼンテーション評価シート

発表者のプレゼンテーションを以下の観点で評価してください

発表者：

【A：よくできている　B：ある程度できている　C：あともう一歩】

発表の方法（聞き手を意識した情報伝達）			
1．発表の態度（姿勢・アイコンタクトなど）	A	B	C
2．話し方（声の大きさ・強弱・スピード・間の取り方）	A	B	C
3．資料の見やすさ（文字，表，図など）	A	B	C
4．時間配分	A	B	C
発表の内容（テーマ，仮説，構成）			
1．興味を引くテーマ設定	A	B	C
2．全体のストーリー，流れ	A	B	C
3．ポイントや結論の明確さ	A	B	C
4．データや引用が適切（量・正確性など）	A	B	C

コメント（良かった点，改善を要する点）

＊発表者が今後の参考にできるよう，できるだけ具体的に記述してください。

ワーク7

情報の選別と自分の考えをまとめる

新聞記事・書籍などの出版物は，新しい情報や知識を提供してくれます。

★ 課題1：次の情報を読んで考えたことを箇条書きにしてみましょう

> 　東京都は7日，足立区内の生後6カ月の男児が3月30日，蜂蜜に含まれていたボツリヌス菌が原因の「乳児ボツリヌス症」で死亡したと発表した。記録の残る1986年以降，同症による死亡例は国内で初めてという。
> 　都によると，男児は2月20日にけいれんや呼吸不全などの症状が出て入院し，同症と診断された。男児の便と自宅にあった蜂蜜から同菌が検出されたという。家族は発症の約1カ月前から，離乳食として男児に蜂蜜を混ぜたジュースを飲ませていた。
> （朝日新聞DIGITAL, 2017）

> 　ボツリヌス菌は，土壌中などに広く存在している細菌です。ボツリヌス菌が食品などを介して口から体内にはいると，大人の腸内では，ボツリヌス菌が他の腸内細菌との競争に負けてしまうため，通常，何も起こりません。
> 　一方，赤ちゃんの場合，まだ腸内環境が整っておらず，ボツリヌス菌が腸内で増えて毒素を出すため，便秘，ほ乳力の低下，元気の消失，泣き声の変化，首のすわりが悪くなる，といった症状を引き起こすことがあります。ほとんどの場合，適切な治療により治癒しますが，まれに亡くなることもあります。
> 　なお，1歳以上の方にとっては，ハチミツはリスクの高い食品ではありません。
> （厚生労働省 http://www.mhlw.go.jp/stf/seisakunitsuite/bunya/0000161461.html）

-
-
-
-
-
-
-
-

78　ワーク7　情報の選別と自分の考えをまとめる

★ 課題2　さらに調べたいこと，調べる必要があることを箇条書きしましょう。調査には何を使う予定か，書いてみましょう

調べたいこと・調べる必要があること

調査に使用するもの

ワーク8

封書で手紙を書く

★ 課題：近況報告の手紙を書いてみましょう

> 宛名：保護者・姉妹・兄弟　恩師　など
> 宛名住所　：郵送先の住所
> 差出人　　：自身
> 差出住所　：自身の現住所
> 本文　　　：現在の暮らしぶりを伝える内容

【注意すること】
・便箋2枚にまとめる。
　＊2枚目が日付・自身の氏名・相手の氏名だけにならないよう，主文の長さを考えましょう。
　＊2枚目に文章がないのは失礼で，見た目も良くありません。
・文字：最初から最後まで丁寧に書く。
・住所：番地や部屋番号まで正しく書く。
　＊郵便番号の記入を忘れないようにしましょう。
　　郵便番号はネットで検索できます。
・本文の書き方に注意する。
　ア．改行は文節で行う。
　イ．誤字を書いたり，失礼な表現を用いたりしない。
　ウ．文字の大小を考える。

★ 差出人（自身）の思いを伝える工夫をして，書いてみましょう

　「季節の挨拶」や「結びの挨拶」は決まり文句を使わず，個性的な内容を考えてみましょう。草木の様子など，目にした自然の変化を「季節の挨拶」として書くと，形式的にならず，良いでしょう。

ワーク9

メールを送ってみよう

次に示すものは，教務課が全教員に宛て発信したメールです。

新規メッセージ

To　　t-kyouin@XXX.YYY.ac.jp
Cc　Bcc

件名　　H29後期オフィスアワーについて

教員各位　　　　　　　　　　　　　　　　　　　　　　　　　　　　教務課　　〇〇花子

標記について，日時・場所をお伺い致します。
お手数ですが，下記の場所にある Excel ファイルに，入力をお願いします。

　　　以下に作業手順・注意事項が記されています。

＊＊＊＊＊＊＊＊＊＊＊＊＊＊＊＊＊＊＊＊＊＊＊＊＊＊＊＊＊
教務部　教務課
　〒XXX-YYYY
〇〇市〇〇町〇〇〇〇
TEL：〇〇〇〇〇〇〇〇　FAX：〇〇〇〇〇〇〇
＊＊＊＊＊＊＊＊＊＊＊＊＊＊＊＊＊＊＊＊＊＊＊＊＊＊＊＊＊

　パソコンからでもスマートフォンからでも，新規にメールを送る画面はほとんど同じだと思います。「To」の欄の「Cc」「Bcc」の表記は，スマートフォンの機種などで異なるかもしれません。「To」「Cc」「Bcc」については，以下の内容を参照してください。

	送信義務	特徴
To	あり	「あなたに送っています」の意思表示。処理や作業をして欲しい人を「To」（送信先）に入れます。 ＊複数のメールアドレスを入力すれば，同じメールを一度に送ることができます。
Cc	必要に応じて	「To」（宛先）の人に送った内容ですので念のため見てくださいね，という意味。参考・情報を共有するときに使います。「To」の人が主たる処理者のため，「Cc」の人は原則，返信を行いません。 ＊「Cc」はカーボン・コピー（Carbon Copy）の略。 　「Cc」の相手は，複写を送っておきたい人です。 ＊上司や同僚など，同時に伝達・報告したい人がいる場合に使います。
Bcc	必要に応じて	他の受信者にアドレスが見えないように連絡する場合に利用。ここに入れたメールアドレスは，「To」「Cc」や他の「Bcc」の人には見えません。 一斉送信の際に用いられることもあります。 ＊「Bcc」はブラインド・カーボン・コピー（Blind Carbon Copy）の略。 ＊他の受信者がいることを隠したい場合や，受信者のメールアドレスがわからないようにして送りたい場合に使います。

★ では，メールを作成してみましょう

　課題：授業担当者に，質問のメールを送る。

> ♪アドバイス♪
>
> 　メールを送る場合，始めの挨拶と最後の挨拶が大切です。
> 　例に示したメールは，職場内の部署から送られたものですから，「標記について，日時・場所をお伺い致します」という用件から始まっています。顔見知りの仕事相手なら，「いつもお世話になっております」で良いでしょう。もっと親しい間柄であれば「文教花子です」と始めても構わないでしょう。
> 　では，最後はどう書けば良いのでしょう。友人なら「では，またね。」で終わりにできます。挨拶が書かれていないと，いくら本文の内容が良くても中途半端な印象を与えて，失礼にもなります。次によく使われる最後の挨拶を紹介しておきます。
> 　「どうぞよろしくお願いいたします。」
> 　「以上，よろしくお願いいたします。」
> 　もう少し丁寧な挨拶としては，
> 　「お願い申し上げます。」
> があります。
> 　返事を求める場合には，
> 　「ご返事お待ちしております。」
> 　「お手数ですが，ご返事いただければ幸いです。」
> 　「お返事をお待ち申し上げております。」
> 　「ご多忙のところ恐縮ですが，ご返答いただければ幸いです。」
> 　「では，ご回答お待ちしております。」
> を使うと良いでしょう。

ワーク10
保護者からの相談への報告書作成

　保育者は保護者からさまざまな相談を受けます。相談を受けた場合，まず何をするのか，どのように応えるのか，練習してみましょう。
　下記に示す保育者で，相談の前提となる状況です。

> あなたは　4歳児（年中児）クラスの担任
> ・相談時期：5月初め
> ・相談に来たのは
> 　Aちゃんの母親
> ・相談に登場する子どもは
> 　Aちゃん，Bくん，Cくん，D子ちゃん，E奈ちゃん
> 　　→　いつも一緒に遊んでいる子どもたち
> ・Fくんについて
> 　　→　昨年の秋に入園してきた子どもで，大人しく一人遊び
> 　　　　が多かった
> 　　　　最近になって変化した
> ⇒担任として，Fくんの変化に困っている

　この状況に置かれているあなたのところに，Aちゃんの母親が相談に訪れました。その内容は次のとおりです。授業担当者が保護者になりきって読みますので，メモをとりながら聞いてください。

先生，いつもありがとうございます。うちのAが，家に帰ってくると先生の話をよくします。今日やった遊びとかも教えてくれますし，先生が優しくて可愛いとかも言うんです。本当によくしゃべる子で，保育園でもずっとしゃべってるんじゃないかなと，ちょっと心配したりもします。
　ちょっと話が変わりますが，先週あたりから気になることを言っていたので，先生にご相談させていただこうと思って来ました。
　あの〜，同じクラスのFくんの話を最近よくしてくれるんですが…。こんな話をして良いか，少し迷ってたんですけど，先生ならわかってくださると思いましてね。
　Fくんが急に友達を押し倒したり，叩いたりすると聞きました。Aが言うには，何もしてないのに叩かれるそうです。この間は，Bくん，CくんとD子ちゃん，E奈ちゃんと5人でおうちごっこをしていたら，近づいてきて急にD子ちゃんを叩いたそうです。D子ちゃんが泣いても，Fくんは何も言わなかったそうで，他の子どもたちもびっくりしたと。先生にも話したそうですね。そのときだけかと思ったら，その後も，誰々が叩かれたとか，押し倒されたとか話すようになったので，私もびっくりしました。年中さんになって，仲良しの友だちもできてきましたし，楽しそうにしていたのに，心配です。
　Fくんは，確か，去年の秋に入園してきましたよね。最近まで，そんなに目立つようなことをしたと聞いたこともなかったですし，迎えに来ても，大人しく一人で遊んでいる子だなという印象しかなかったです。いつも電車で遊んでましたよね。
　Fくんのお母さんも挨拶はしますけど，大人しい感じの方で，あまり話されませんね。FくんがD子ちゃんを叩いた話はFくんのお母さんにも伝わっているのでしょうか。もし知ってたら，とても気にされるかなと思うんですが。
　勝手な推測で申し訳ないですけど，Fくんのやったことを色々調べてみました。ネットにFくんの行動を書いて検索したら，チェック項目が出てきまして，当てはまる項目にチェックを入れていくとですね，「発達障害」の疑いがあると書かれていました。もーびっくりして。本当だったらどうしようかと考えてました。まぁ，チェック項目は私が知っている範囲のものしか使えなかったし，ちゃんとしたものではないと思います。
　でも，大人しかった子が急に変わったことですし，周りの子どもが被害を受けていますし，できることはないかと思って出過ぎたことをしてしまいました。先生，本当の所はどうなんですか。Fくんは発達障害なんですか。もしも事実だからといって，Fくんをクラスから離してほしいとかは思っていません。ただ，Aが驚いて怖がっているようにも感じるので，ほかの子どもたちも同じじゃないかなと。D子ちゃんのお母さんとも話してて，心配していました。AがFくんのやったことを話してきたとき，なんと答えたらよいのかも難しくて困ります。何かよい方法はないのでしょうか。それに，Fくんの行動はなんで急に変わったんですか。
　園では，どのように対応されているのか，子どもにも，どう説明したらいいか教えていただきたいです。長々と私ばかり話してしまいました。今すぐには難しいかも知れません。近いうちに答えを教えていただけませんか。よろしくお願いします。

このような相談を受けたときには，その内容を園長先生に報告しなければなりません。では，その報告書を作ってみましょう。

★ 課題：園長先生への報告書を作成してみましょう

【報告書作成例】

報告書

相談者：Aちゃんの母親
対応者：○○　○○
相談を受けた日：5月○日（○）

〈相談内容〉
Aちゃんが先週あたりから、Fくんの話をよく母親にするらしい。Aちゃんが言うには、最近Fくんの様子が変だという。
いつものようにAちゃんやBくん、Cくん、D子ちゃん、E奈ちゃんがおうちごっこをして遊んでいると、Fくんが突然D子ちゃんをたたいた。D子ちゃんをはじめ、ほかの子は驚いたが、Fくんは謝る様子もなくただ黙っていた。Fくんのこのような行動は一度だけでないようで、Aちゃんの母親はFくんが発達障害ではないかと疑っている。

〈Fくんについて〉
・昨年の秋に入園してきた
・一人で遊んでいることが多かったが、最近になって行動に変化が現れた
　（私もその様子からFくんの発達障害を疑っていた）

以下はAちゃんの母親から後日、返答を求められた質問である。
・D子ちゃんをたたいたことはD子ちゃんの保護者に伝わっているのか
・Fくんは発達障害なのか、またそれに対して園はどう対応するのか
・またFくんが発達障害だった場合、ほかの子どもたちにどう対応するのか

---

memo 📎

ワーク11

保育者に必要なソーシャルマナーに挑戦

　保育現場では，同僚や保護者と関わるなかで，いろいろな状況や事態に出会います。以下のイラストは，代表的な場面を想定したものです。イラストに記した現場にいる保育者のあなたは，どのような対応をするのでしょうか。考えてみましょう。

★ 課題1：電話応答

△△保育園に勤務する保育者のAさんは，朝，事務室で電話をとりました。クマ組のB美ちゃんのお母さんからでした。
　B美ちゃんのお母さんは次のように言いました。

「クマ組のB美の母です。B美が熱を出しました。38度ありますので，今日は休みます。」

　Aさんは次のように答え，電話を切りました。

「は～い！　わかりました～。失礼しま～す」

Q1．Aさんの返答について，どう思いますか？　自由に書いてみましょう。

Q2．あなたがAさんならば，どのような返答をしますか？　下の吹き出しに書いてみましょう。

【ワークの進め方】

- 個人ワークを始める
- グループを作り，それぞれの記述を紹介し合う。
  ※グループの中で一人が記録（箇条書き可）をとる
- グループの代表者は，グループの意見を口頭で紹介する。
  ※発表で出てきた以外の意見があれば，発言する。

【ポイント】

Aさんの返答の問題点，返答として必要な事柄について補足説明。

- 保護者への望ましい言葉遣い，話し方ができているのか。
  ※保護者が仕事をしている場合には，子どもの体調不良によって仕事を休まなければならなくなることが多く，そのことによって周囲に迷惑がかかる，仕事が滞るといったことも保護者にとっては大きなストレスとなる。「お母さんも（お仕事を休むこと）大変ですね。」「お仕事の方，大丈夫ですか。」など，保育者からの労いの言葉が心理的なサポートとなる。
  「は〜い！」などは馴れ馴れしい印象を与える場合もある。
- 子どもが熱を出したときの保護者の気持ちに寄り添い，「お大事に」等，気遣いを表す返答が必要。
- 休むことによって，子どもが楽しみにしていた行事等に参加できない場合には，後でフォローすることも考えておくと良い。
- 翌日に持参すべき物がある場合には，返答の際に伝えるか，改めて連絡するという配慮も必要。

memo

★ 課題2：降園時

保育園の降園時，C奈ちゃんのお母さんは，保育者のAさんに次のように言いました。

「明日，遅れて来ます。」

Aさんは次のように答えました。

「はい。了解です！」

その後，C奈ちゃん親子は帰っていきました。

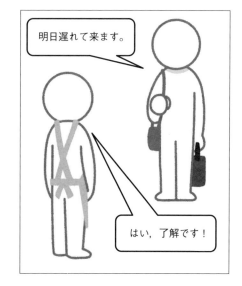

Q1．Aさんの返答について，どう思いますか？　自由に書いて下さい。

Q2．あなたがAさんならば，どのような返答をしますか？　下の吹き出しに書いてみましょう。

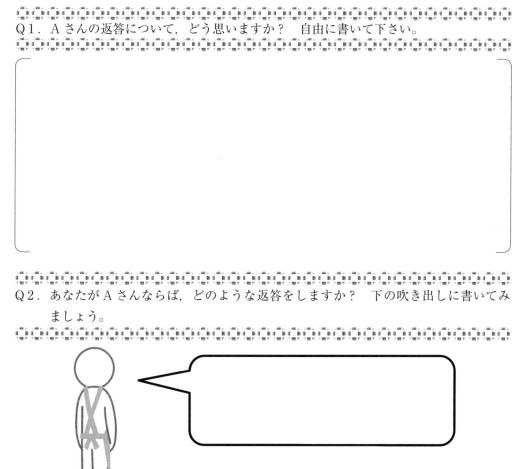

【ワークの進め方】

- 個人ワークを始める。
- グループを作り，それぞれの記述を紹介し合う。
  ※グループの中で一人が記録（箇条書き可）をとる。
- グループの代表者は，グループの意見を口頭で紹介する。
  ※発表で出てきた以外の意見があれば，発言する。

【ポイント】

　Aさんの返答の問題点，返答として必要な事柄について補足説明。
- 保護者への望ましい言葉遣い，話し方（「了解です！」などは同世代の間では問題がなくても，世代が違えば失礼にあたることもある）
- 登園するだいたいの時間や理由を確認する必要がある。
  ＊給食の場合は，登園する時間によって提供できる場合とできない場合がある。
  ＊その日の活動によって，どの時点からC奈ちゃんが参加できるか，どうすれば参加しやすいかを考え，保護者に伝える。
  　（行事の有無，活動が園内か園外か）
  ＊通院の後などに登園する場合，配慮すべき点を確認する必要がある。

memo

★ 課題3：会議中の中座

ぶんたん保育園に勤務する保育者のAさんは，職員会議中に帰る用事ができました。1年目のAさんが先に帰ろうとして立ち上がりました。
Aさん：「あのぉ…今日はこれで…，お先に失礼しま～す。」
主任：「あっ…あっ…，そうなの…，どうぞ…」

Q1．Aさんの言動について，どう思いますか？ 自由に書いてみましょう。

Q2．あなたがAさんならば，どのようしますか？ 下の欄に書いてみましょう。

【ワークの進め方】

・個人ワークを始める。
・グループを作り，それぞれの記述を紹介し合う。
　※グループの中で一人が記録（箇条書き可）をとる。
・グループの代表者は，グループの意見を口頭で紹介する。
　※発表で出てきた以外の意見があれば，発言する。

【ポイント】

＊職場による違いがあるかもしれないが，会議の途中で退席することは，必ず事前に知らせるのが礼儀である。もしも，直前または会議中に退席しなければならない事態が発生しているなら，会議の議長に近づき，事情をそっと知らせる。

＊可能な限り理由を説明することが必要。途中で会議を抜けると会議の出席者にも心配をかけることになる。仮に，退席時に理由を説明できない場合は，後日説明することを伝えておく。

memo

★ 課題4：保護者に話しかけられて

保育園の降園時，保育者のAさんは，担当クラスの園児であるTくんのお母さんに呼び止められました。そして，次のように言われました。
「先生，うちのTが保育園でどうしているのか気になって，教えていただきたいんです。」

Aさんは次のように答えました。
「はい，Tくんですか。まぁー，元気に過ごしています。特に，何も問題はないですし〜。」

Q1．Aさんの返答について，どう思いますか？ またAさんの態度について，どう思いますか？ 自由に書いてみましょう。

Q2．あなたがAさんならば，どのような返答をしますか？ 下の吹き出しに書いてみましょう。

Q3．あなたがAさんならば，どのような態度をしますか？ 下の欄に書いてみましょう

【ワークの進め方】
・個人ワークを始める。
・グループを作り，それぞれの記述を紹介し合う。
　※グループの中で一人が記録（箇条書き可）をとる。
・グループの代表者は，グループの意見を口頭で紹介する。
　※発表で出てきた以外の意見があれば，発言する。

【ポイント】
＊我が子について気がかりなことを相談してきた保護者は，安心できる言葉を期待していることに気づく。
＊保護者と視線を合わせて，「両手を揉む・足を揺らす・髪の毛を触る・ペンをガチャガチャ鳴らす」など余計な動きはしない。
＊相手の話を真剣に聴き，誠実に答えようとしていることを，態度からも　伝えるように心がける。

memo

★ 課題5：無言の保護者

ひよこ組のUくんのお母さんは，送迎時，いつも忙しそうにしていて，保育者や他の保護者と話をする姿をほとんどみかけたことがありません。

今日，ひよこ組担任のAさんが，ちょうど保育園の玄関近くにいたとき，Uくんのお母さんが迎えにやってきました。

Uくんのお母さんは，いつものように無表情のまま，Aさんと目を合わせることもなく，Uくんの待つ保育室へと足早に通り過ぎていきました。

Aさんは仕方なくその姿を黙って見守っていました。

Q1．Aさんの行動について，どう思いますか？　また，あなたがAさんならばどうしますか？　自由に書いてみましょう。

Q2．お母さんに何か言葉をかけるとしたら何と言いますか？　吹き出しに書いてみましょう。

【ワークの進め方】
・個人ワークを始める。
・グループを作り，それぞれの記述を紹介し合う。
　※グループの中で一人が記録（箇条書き可）をとる。
・グループの代表者は，グループの意見を口頭で紹介する。
　※発表で出てきた以外の意見があれば，発言する。

【ポイント】
　＊他人を寄せ付けない雰囲気のある保護者がいることも知っておく。
　＊コミュニケーションが苦手な保護者とは，「お帰りなさい」などの挨拶から関係作りを始める。
　＊コミュニケーションのきっかけができたら，子どもの様子を伝えるなどして，関係を深める。
　＊期待する反応が得られなくても根気良く働きかける。

memo

★ 課題6：先輩保育者に勧められて

お昼の休憩時間中，保育者のAさんは先輩保育者のCさんから，次のように言われました。

「A先生，お疲れ様！　私，今，コーヒーを飲もうとしているところだけど，A先生も飲む？」

Aさんは，次のように答えました。
「大丈夫で〜す。」

Q1．Aさんの返答について，どう思いますか？　自由に書いてみましょう。

Q2．あなたがAさんならば，どのような返答をしますか？　下の吹き出しに書いてみましょう。

【ワークの進め方】

- 個人ワークを始める。
- グループを作り，それぞれの記述を紹介し合う。
  ※グループの中で一人が記録（箇条書き可）をとる。
- グループの代表者は，グループの意見を口頭で紹介する。
  ※発表で出てきた以外の意見があれば，発言する。

【ポイント】

＊言葉は生き物であり，時代とともに意味や使い方が変化することを意識する。
　※「大丈夫です」は，「心配ない，間違いない」の意味で使われてきた。近年「大丈夫です」の意味は，使う人によって異なっている。

memo

★ 課題7：複数の保護者

保育者のAさんは、Y香ちゃんの担任をしています。Y香ちゃんのお母さんは、Aさんと話すことが大好きで、今日の降園時にも、玄関近くでしばらく話をしていました。

そこへ同じくAさんが担任しているクラスのK男ちゃんのお母さんが迎えにやってきて、何やら話しかけたそうにしています。

しかし、Y香ちゃんのお母さんの話は、家での子どもの様子から自分の職場での出来事など、どんどん広がっていきます。

K男くんのお母さんは、近くでずっと待っているのですが、Aさんはいつまでたっても話を切り上げることができません。

Q1．Aさんの行動について、どう思いますか？ 自由に書いてみましょう。

Q2．あなたがAさんならば、どうしますか？ 二人のお母さんへの言葉かけも含めて考え、書いてみましょう。

【ワークの進め方】

- 個人ワークを始める。
- グループを作り，それぞれの記述を紹介し合う。
  ※グループの中で一人が記録（箇条書き可）をとる。
- グループの代表者は，グループの意見を口頭で紹介する。
  ※発表で出てきた以外の意見があれば，発言する。

【ポイント】

＊話続ける保護者との会話を一旦中断して，他の保護者の用件を聴くようにする。
　※「すみません。ちょっとお待ちいただけますか？」と中断する了承を得る。
　※話の内容によって，対応に時間がかかると判断した場合は，後日，話を聴く機会を設けると伝える。

memo

ワーク12

まとめのワーク

　いろいろなワークに挑戦してもらいました。その成果を確認するために、提示された「レポート課題」を作成し、指導者に提出しましょう。

★ 課題：幼児期の体験の重要性について、あなたの考えを述べなさい

> 書式：用紙Ａ４判　横書き　2枚以内（余白・ポイントは標準）
> 提出締切：最終講義日から1週間後
> 提出方法：メールにファイルを添付

> ♪アドバイス♪
> 添付ファイルについて
> ・誰かに書類を送付する場合，相手に失礼にならないようにしなければなりません。
> ・資料を送付するとしても，単にその資料だけを送付すれば良いのではないのです。
> 　書類の送付時には送付する内容を説明する一文が必要です。
> 　メール本文に，添付ファイルをつけていることを，必ず書きましょう。
> ・添付ファイルが複数ある場合は，個数も書いておきましょう。
> ・確実にファイルを添付したことを確かめた上で，メールを送信しましょう。
> 　添付ファイルをつけ忘れると，失礼になります。

memo

引用参考文献

朝日新聞 DIGITAL（2017）．離乳食にはちみつ　乳児ボツリヌス症で6カ月男児死亡（2017年4月8日）　https://www.asahi.com/articles/ASK482F21K48UBQU001.html?iref=pc_extlink

厚生労働省（2017）．保育所保育指針

真下知子・張　貞京・中村博幸（2010）．保育者―保護者間のコミュニケーションの改善をめざした研究―保育者に必要な能力・資質に関する幼児教育学科学生の意識―　京都文教短期大学研究紀要，49，116-128．

溝上慎一（2014）．アクティブラーニングと教授学習パラダイムの転換　東信堂

無藤隆・汐見稔幸（2017）．イラストで読む幼稚園教育要領，保育所保育指針，幼保連携型認定子ども園教育・保育要領はやわかりBOOK　学陽書房

文部科学省（2012）．新たな未来を築くための大学教育の質的転換に向けて　中教審答申

文部科学省（2016）．幼児教育部会における審議のとりまとめ

文部科学省（2017）．幼稚園教育要領

文部科学省・厚生労働省（2017）．幼保連携型認定子ども園教育・保育要領

オスボーン，A. F. 上野一郎（訳）（1958）．独創力を伸ばせ　ダイヤモンド社

齋藤　孝（2004）．コミュニケーション力　岩波書店

三宮真智子（2017）．誤解の心理学　ナカニシヤ出版

総務省（2017）．平成28年通信利用動向調査の結果　http://www.soumu.go.jp/johotsusintokei/statistics/statistics05a.html

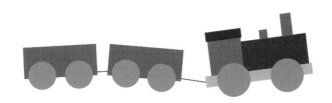

索　引

あ
ICT　10
アクティブ・ラーニング　27
アンケート　16
インターネット社会　34
インタビュアー（面接者）　14
インタビュイー（被面接者）　14
インタビュー　14

か
観察法　12
感想文　62
教育機関　4
教材　45
言語プレゼンテーション　70
コミュニケーション　7

さ
作文　62
参与観察　12
　　非——　13
社会人基礎力　i
障害者施設　58
身体性　9
相互理解　32
ソーシャルマナー　29

た
他者理解　21
知育　45

な
認定こども園　3

ネット依存　34

は
場　32
非言語プレゼンテーション　70
福祉施設　3
ブレーン・ストーミング　53
プレゼンテーション　69
保育教諭　3
保育士資格　3
保育者　5
ほうれんそう　31
保護者支援　22

ま
マイクロプレゼンテーション　70
学び
　　主体的な——　28
　　対話的な——　28
　　深い——　28
面接法　14

や
養護施設　58
幼稚園教諭免許状　3
幼保連携型認定こども園　4

ら
ルーブリック　68
レポート　62
連絡帳　25

【執筆者紹介】
千古　利恵子（せんこ　りえこ）
京都文教短期大学幼児教育学科教授
文学修士
主著：
『和歌文学へのいざない』2009，創文社（単著）
『コミュニケーション論　ゆたかなコミュニケーションをめざして』2006，創文社（共著）
『児童文化がひらく豊かな保育実践』2009，保育出版社（共著）
『新編「私的には……」からの脱出』2012，京都書房（共著）

張　貞京（ちゃん　ちょんきょん）
京都文教短期大学幼児教育学科准教授
教育学修士
主著：
『キーワードで学ぶ　障害児保育入門』2008，保育出版社（共著）
『ロビンフッドたちの青春』2009，中川書房（共著）
『キーワードブック特別支援教育　インクルーシブ教育時代の障害児教育』2015，クリエイツかもがわ（共著）
『新時代の保育双書　乳児保育　第2版』2016，みらい（共著）

真下　知子（ましも　ともこ）
京都文教短期大学幼児教育学科講師
修士（教育学），修士（人間科学）
主著：
『新編「私的には……」からの脱出』2012，京都書房（共著）
『未来に生きる教育学（共著）』2015，あいり出版（共著）

本山　益子（もとやま　ますこ）
京都文教短期大学幼児教育学科教授
文学修士
主著：
『子ども・からだ・表現―豊かな保育内容のための理論と演習―【改訂2版】』2003，市村出版（共著）
『子どもの身体表現』2009，市村出版（共著）
『舞踊学の現在―芸術・民族・教育からのアプローチ』2011，文理閣（共著）
『からだからはじまる保育のアート―創造と表現がつながってあふれる―』2018，市村出版（共著）

保育者のためのコミュニケーション・ワークブック

| 2018年4月20日 | 初版第1刷発行 | 定価はカヴァーに表示してあります |

著　者　千古利恵子
　　　　張　　貞京
　　　　真下　知子
　　　　本山　益子
発行者　中西　　良
発行所　株式会社ナカニシヤ出版
　　　　〒606-8161　京都市左京区一乗寺木ノ本町15番地
　　　　　　　　　　Telephone　075-723-0111
　　　　　　　　　　Facsimile　075-723-0095
　　　　　　　　Website　http://www.nakanishiya.co.jp/
　　　　　　　　Email　iihon-ippai@nakanishiya.co.jp
　　　　　　　　郵便振替　01030-0-13128

装幀＝白沢　正／イラスト＝渡邊摩子／印刷・製本＝亜細亜印刷株式会社
Printed in Japan.
Copyright © 2018 by R. Senko, J. Chang, T. Mashimo, & M. Motoyama
ISBN978-4-7795-1273-5

◎LINE，mixi，Facebook，Twitterなど，本文中に記載されている社名，商品名は，各社が商標または登録商標として使用している場合があります。なお，本文中では，基本的にTMおよびRマークは省略しました。
◎本書のコピー，スキャン，デジタル化等の無断複製は著作権法上での例外を除き禁じられています。本書を代行業者等の第三者に依頼してスキャンやデジタル化することはたとえ個人や家庭内の利用であっても著作権法上認められておりません。